Hilarius Bankberger

Die Juden im deutschen Staats- und Volksleben

Hilarius Bankberger

Die Juden im deutschen Staats- und Volksleben

ISBN/EAN: 9783743310353

Hergestellt in Europa, USA, Kanada, Australien, Japan

Cover: Foto ©ninafisch / pixelio.de

Manufactured and distributed by brebook publishing software (www.brebook.com)

Hilarius Bankberger

Die Juden im deutschen Staats- und Volksleben

Die Juden im deutschen Staats- und Volksleben

(Separat-Abdruck aus der "Deutschen Reichs-Post")

Vierte erheblich vermehrte und verbesserte Auflage

Von

Dr. Hilarius Bankberger

Verfasser der "sogenannten" Deutschen Reichsbank etc.

Frankfurt am Main

1879

Verlag der "Deutschen Reichs-Post"

Zu beziehen durch die Expedition derselben

Allerheiligenstraße 26 b

sowie durch alle Buchhandlungen

I.

Wir sprechen nur höchst ungern von einer "*Judenfrage*" und wir wissen, daß unsere jüdischen Mitbürger noch weniger gern von einer solchen hören, ja die Existenz derselben am liebsten überhaupt in Abrede stellen. "Jede Diskussion der Judenfrage" – sagte kürzlich das leitende jüdische Organ in Deutschland – "gleichviel in welchem Tone, ist Wahnsinn oder Raub"! Immerhin existiert die Frage nicht nur, sondern sie ist sogar schon uralt und wird seit vielen Jahrhunderten diskutiert.

In neuester Zeit scheint die "Judenfrage" die Gemüter wieder lebhafter beschäftigen zu wollen. Die nächste Veranlassung dazu dürfte in ganz derselben Tatsache zu finden sein, welche auch in den früheren Jahrhunderten schon die literarische und tätliche Beschäftigung mit dieser Frage immer von neuem provozierten.

So ungern wir nun auch an und für sich diese so leicht zu Gehässigkeiten verleitende Frage berühren, so glauben wir doch auch nicht, daß es richtig wäre, dieselbe neuerdings etwa ganz unbesprochen zu lassen, wie dies unsere jüdischen Mitbürger wünschen. Wir sind uns dabei völlig bewußt, wie schwierig es ist, hier gerecht und richtig zu urteilen und die Dinge so zu sehen wie sie sind. Es gibt wenige Fragen, in welchen die Tatsachen selbst so schwierig festzustellen sind und in welchen das Urteilsmaterial so sehr durch Vorurteil, Leidenschaft und andere menschliche Fehler verwirrt und verwickelt ist, wie gerade die Judenfrage. Selbst das Wort "Judenfrage" hat für uns an und für sich schon einen so unangenehmen Klang, daß wir uns desselben am liebsten ganz enthielten, wenn wir wüßten, wie wir dasselbe durch ein anderes, die Sache eben so kurz und zutreffend bezeichnendes ersetzen sollten.

Wenn wir es wagen, trotz aller Schwierigkeiten uns mit der Frage zu befassen, so geschieht dies aus dem Grunde, weil uns in derselben manches sonst schwer zugängliche Urteilsmaterial zur Verfügung steht und weil wir mit dem Bewußtsein schreiben, daß auch Gegner unserer Auffassungen uns das Bemühen nicht absprechen werden, sachlich, billig und leidenschaftslos zu schreiben.

II.

Die "Judenfrage" ist, wie wir sagten, schon sehr alt. Sie hat beispielsweise die Ägypter schon vor Jahrtausenden beschäftigt. Man wird unter der Judenfrage wesentlich die Frage nach der Gestaltung des Verhältnisses der Juden zu den Völkerschaften zu verstehen haben, unter welchen sie wohnten, beziehungsweise gegenwärtig wohnen.

Nur eine mit den Tatsachen durchaus nicht vertraute Auffassung könnte bei Erörterung dieser Frage von der Annahme ausgehen, als ob die Juden, wenn man von der *Religion* absieht, der übrigen Bevölkerung der Staaten, in welchen sie wohnen, völlig gleichartig zu erachten seien. Man wird doch nicht übersehen dürfen, daß die Juden nicht nur eine besondere *Religionsgemeinschaft* bilden, sondern daß sie auch einem andern Zweige der kaukasischen Rasse angehören, als die europäischen Kulturvölker.

Zugleich haben die Juden bis zur Zerstörung Jerusalems auch ein in sich abgeschlossenes *Staats- und Volksganze* gebildet. Ihre *Religion* war mit ihren Staatseinrichtungen und ihrem Volksleben zu einem untrennbaren Ganzen verwebt und verwachsen. Ein einzelner *Stamm*, mit besonderer *Religion* und scharf hervortretender *Rasseneigentümlichkeit* ausgestattet, bildete zugleich ein *Volk* und einen *Staat* für sich allein, schloß sich streng gegen alle fremden Elemente ab und erhielt sich in dieser Abschließung mit wenigen Unterbrechungen bis zum Eindringen der Römer in den Juden-Staat.

Das Judentum ist also wesentlich ein Gesamtprodukt verschiedener Besonderheiten, welche lange Jahrhunderte hindurch in gegenseitiger Durchdringung auf den jüdischen Stamm der *semitischen Rasse* einwirkten. Die Rassen- und Stammeseigentümlichkeiten der Juden sind auf diese Weise verwachsen und mit ihrer religiösen Besonderheit. Zugleich bildeten sie auch ein streng in sich abgeschlossenes Volkstum, einen Staat für sich, dessen Schicksale und Geschichte als geheiligte Tradition auch nach der Auflösung des Judenstaates den in alle Welt zerstreuten Israeliten ein ideeller Einigungspunkt geblieben sind.

Als die Eroberung Palästina's durch die Römer und die Zerstörung Jerusalems den jüdischen Staat vernichtete, war das durch lange Jahrhunderte konsolidierte Gefühl der Zusammengehörigkeit und Eigenart unter den Juden so groß geworden, daß sie auch in ihrer Zerstreutheit fortfuhren, sich als ein eigenes und einiges Volksganze zu fühlen, welches sich mit allen seinen Eigentümlichkeiten auch im Laufe der bisherigen christlichen Zeitrechnung erhalten hat.

Was die Stellung der Juden zu den Völkern und Staaten des Mittelalters betrifft, so hatten die Juden ihrerseits, sagt Pastor *de le Roi*[1]), nicht wenig dazu beigetragen, daß sich das Verhältnis mit ihnen fast überall gerade so gestaltete, wie der Fall gewesen ist. Sie traten in die fremden Länder nicht bloß als Bekenner einer fremden Religion ein, *sondern sie wollten auch selbst ein anderes Volk unter den übrigen sein und bleiben.* Die Juden wollten sich nicht etwa bloß ihre besondere Religion, sondern in demselben Maße auch ihr besonderes Geschlecht oder ihre besondere Nationalität bewahren. Wo sie wohnten oder sich niederließen, sollten also eine andere Volksart, ein anderer Volkssinn, ein anderes Volksziel, als die, welche alle Übrigen beherrschten, für ihre Gemeinschaft gelten ... "Die Fremde" war ihnen jenes Land, das sie seit der Verbannung bewohnten ... Also nicht einseitig, aus einem schroffen Nationalitätsgefühl des Mittelalters heraus, sind die Juden von allen übrigen Völkern als Fremdlinge betrachtet worden, *sondern weil sie selbst gerade diese Stellung allen anderen gegenüber und zwar mit der schneidigsten Schärfe einnahmen.* Mochte nun die Art, wie den Juden ihr Fremdlingscharakter zu fühlen gegeben ward, eine noch so verkehrte sein, jedenfalls fordert die Gerechtigkeit, das anzuerkennen, daß die Juden selbst den Nationen nichts anderes übrig ließen, als ihnen nach Art von Fremdlingen zu begegnen.

An einer anderen Stelle (s. a. S. 192) macht *de le Roi* noch die bisher gehörige Bemerkung: "Das christliche Mittelalter verklagen sie für seine harte Behandlung der Juden; berühren es dagegen mit keinem Worte, daß diese Verfolgungen ihren ersten Anlaß nicht in religiösen Motiven, sondern fast stets in Blutsaugereien der Juden gefunden hatten."

Das ist ein hartes Wort, es scheint indessen, laut einer Fülle aktenmäßig erwiesener Tatsachen, nicht unbegründet zu sein, dagegen ist auf der andern Seite zu betonen, daß die christliche Kirche des Mittelalters den Juden gegenüber ein nach unserer Auffassung völlig unchristliches Verhalten eingeschlagen hat. Während das kanonische Recht des Mittelalters den Christen das *Zinsnehmen* überhaupt verbot, wurde von den christlichen Behörden den *Juden* das Zinsnehmen als ein *Vorrecht* vor der übrigen Bevölkerung ausdrücklich gestattet. Während den Juden das Recht des Grunderwerbes und des Betriebes anderer Erwerbsarten außer Handel und Geldgeschäften meist gesetzlich versagt war, stellte sich die christliche Kirche bezüglich des Zinsnehmens auf den unvollkommeneren und unchristlichen Standpunkt, den Juden inmitten der Christenheit zu gestatten, was den Christen selbst untersagt war. Diese große Unchristlichkeit darf als die eigentliche Ursache dafür angesehen werden, daß es heute überhaupt noch eine Judenfrage gibt. An diesem Hebel, des den Juden im Mittelalter ausdrücklich verliehenen Vorrechtes, Zins zu nehmen und zu wuchern, setzt die Judenfrage unablässig von neuem wieder ein. Und wie einerseits im Mittelalter schon in Geldfragen die Christlichkeit vielfach aufhörte, so wurden gerade in Geldfragen für den Juden im Mittelalter schon der Hebel, mittelst dessen sie immer und immer von neuem ihre oft durchgesetzte Ausschließung aus christlichen Staaten wieder illusorisch und rückgängig machten.

Man könnte hiernach mit vollem Rechte auch sagen, daß die Judenfrage eigentlich am meisten in der Unchristlichkeit vieler Christen bestehe.

III.

Ein mit Bezug auf die Judenfrage viel gebrauchtes Stichwort lautet: *"Toleranz"*. Die Bedeutung dieses Wortes erleidet sehr verschiedene Auffassungen. Die *wahre* Toleranz darf als eine echt christliche Tugend angesehen werden. Sie besteht in der freundlichen Duldung dessen, was man nach religiöser Gewissensüberzeugung überhaupt dulden kann und darf. Daß in *keinem* Staate und in *keiner* Gesellschaft *alles* geduldet werden kann, versteht sich ja von selbst. Es ist also eine eben so selbstverständliche Frage, *was* in den Bereich dieser Duldung falle und was nicht. Maßgebend für diese Entscheidung ist im christlichen Staate natürlich aus dem Geiste des Christentums sich ergebende Auffassung. Wir können im christlichen Staate z. B. eben so wenig die Menschenopfer der Religion des Königs von Madagaskar und der alten Mexikaner, als auch die Vielweiberei der Mohammedaner "tolerieren". Das geht eben nicht. Hier hat die "Toleranz" notwendig ein Ende. Man wird ganz entsprechend zu untersuchen haben, ob das, was unsere jüdischen Mitbürger unter uns tun und von uns verlangen, mit dem Wesen und Geiste des christlichen Staates zu vereinbaren ist.

Es ist ja keine Frage, daß der Monotheismus des Judentums uns näher steht, als die heidnischen Religionen, und auch der Mohammedanismus. Immerhin sind Christentum und Judentum zwei sehr verschiedene Religionen, und die Religion des heutigen Judentums ist wiederum etwas sehr viel anderes, als das mosaische Judentum des alten Testamentes. Das heutige Judentum erkennt außer und selbst über dem alten Testamente die Auslegung und Vorschriften des "Talmud" an, über dessen Inhalt, es ist fast lächerlich zu sagen, heute noch dem großen christlichen Publikum die allerwidersprechendsten Abgaben gemacht werden.

Sehr interessant führt Pastor de le Roi aus, daß die Juden in ihrem eigenen Staate in Palästina nichts weniger als "tolerant" gewesen sind.

Der Israelit (s. a. S. 188) durfte keiner anderen Religion angehören, als der ihm allein gestatteten vom Sinai; der achttägige Knabe mußte beschnitten werden und auf die Unterlassung der Beschneidung *stand Todesstrafe*. (Dagegen jetzt das Drängen nach Aufhebung des Taufzwanges!) Lästerte ein Jude Jehova, gleichviel, ob er an denselben glaubte oder nicht, so wurde er *gesteinigt*, eine Stadt, die sich Götzendienst erlaubt hatte, sollte *in einen Schutthaufen verwandelt werden. Religionsfreiheit gab es absolut nicht*; mußte doch z.B. jeder Jude den Sabbath und das Passah halten, *Übertretung zog auch hier den Tod nach sich.*

Im Volk selbst bestand ferner keine allgemeine Gleichheit. Dem Geschlechte Aarons allein wurde die Auszeichnung des Priestertums zu Teil; die Rotte Korah, welche dasselbe für das ganze Volk beanspruchte, mußte dafür die Erde verschlingen. Das Strafrecht kannte mildere Bestimmungen für die Herren, als für die Knechte und Mägde. Schlug ein Herr seinen Knecht, so daß derselbe nicht alsbald, sondern erst nach einem oder zwei Tagen starb, dann blieb er ungestraft; denn, so heißt es, es ist *sein* Geld. -

... Vor allem existierte für den Nichtjuden durchaus nicht etwa Religionsfreiheit in Kanaan. Er mußte den Sabbath wie die Juden halten, durfte kein Tierblut genießen, war gezwungen, am Passah Gesäuertes zu vermeiden; *für übertretung dieser Bestimmungen erlitt er den Tod ... Alle mittelalterliche Beschränkung der Juden war nichts gegen die völlige Ausrottung fremder Kulte in Palästina.* Nur durch die Beschneidung ... konnte der Nichtjude die Rechte der Juden erlangen; *und doch wurden die Angehörigen ganzer Völkerschaften gar nicht einmal zur Beschneidung oder auch nur zur Niederlassung im Lande zugelassen.* So sollte die ganze Reihe der Ureinwohner Kanaans einfach ausgerottet werden; Ammoniter, Moabiter und Amalekiter blieben von der Gemeinde ausgeschlossen, ... heute aber weiß man jüdischerseits das alles in folgender Weise plausibel zu machen: Jedermann mit wenigen Ausnahmen konnte das israelitische Bürgerrecht erlangen."

"Ferner durfte kein Nichtjude in Palästina Grundbesitz erwerben; begütert konnte er nur durch den Handel werden ..." da hatten also im alten Judenstaat alle Nichtjuden etwa dieselbe oder eine noch schlimmere Stellung, wie die Juden im mittelalterlichen Christenstaat.

Auch die *Sklaverei* bestand im alten Judenstaat zu Recht, jedoch nur Nichtjuden sollten eigentliche Leibeigene sein dürfen. *Zins von Juden zu nehmen war verboten.* (Der Römer Marcus Cato erklärt in einem Briefe an seinen Cajus Lentulus: "Es hat zwar manches für sich, Geld auf Zinsen zu leihen; *allein es ist nicht ehrenhaft.*") Vom Nichtjuden konnte er erhoben werden. Das alte kanonische Recht verbot das Zinsnehmen bekanntlich ebenfalls. Heute erklärt es Herr Delbrück a. D. von der Tribüne des Reichstages herunter, *daß das Geheimnis der Zeit darin bestehe, keine Zinsen zu verlieren!* Die Zeiten und Anschauungen ändern sich doch sehr.

Das ganze Staats- und Wirtschaftsleben der Juden war in ihrem Staate bis ins Einzelste durch ihre spezifische Religion bedingt, von ihr durchdrungen und getragen: – *heute* sind es namentlich die Juden, welche den Satz immer weiter vorzuschieben suchen, daß die Religion weder mit dem Staate noch mit der Volkswirtschaft irgend etwas zu tun habe, noch zu tun haben dürfe.

IV.

Interessant und sachverständig führt Herr *Pastor de le Roi*, welcher selbst Judenmissionar ist, die Stellung vor Augen, welche die Juden als Gesamtheit in unserem Kulturleben einnehmen, sowohl als Rassen-, wie als Religions- und Volksgemeinschaft.

Auch de le Roi erkennt in dem "*Talmud*" das Band, welches nach der Zerstörung Jerusalems die über die ganze Erde zerstreuten Glieder des Volkes Israel zusammenschloß. Der Talmud (s. a. S. 48) ist ein Buch, welches eine Sammlung der traditionellen Auslegungen der mosaische Gesetze, welche in dem ersten Jahrhunderte der christlichen Zeitrechnung unter den Juden bekannt waren, enthält. Er gilt als das mündliche Gesetz neben dem schriftlichen, das in den Büchern Mosis gefunden wird. Wie das Gesetz Mosis selbst ist das mündliche Gesetz nach jüdischer Lehre durch Eingebung des heiligen Geistes entstanden. Der heilige Geist hat sowohl dafür gesorgt, daß von Geschlecht zu Geschlecht in ununterbrochener Reihenfolge die richtige Auslegung des Gesetzes von Sinai erhalten bliebe, als er auch seine Organe, die Rabbinen, befähigte, noch nicht aufgeworfene Fragen über einzelne Bestimmungen richtig zu erledigen. Diese Satzungen annehmen, heißt daher dem heiligen Geiste gehorchen; sie verwerfen, heißt ihm widerstreben. Und zwar sind alle durch Auslegung festgesetzten Bestimmungen, deren Zahl unermeßlich ist, gleich wichtige; weil sie alle von Gott stammen, gibt es unter ihnen keinen Unterschied zwischen Kleinem und Großem ... Der Talmud beherrschte nun das ganze Leben der Juden. Der Israelit konnte nicht gehen, nicht stehen, nicht arbeiten, nicht essen, nicht trinken, nicht wachen, nicht schlafen, nicht leben, nicht sterben, außer in seinen Geboten...

Die Juden blieben unter dem Talmud, nach ihrer unerschütterlichen Überzeugung, das Gottesvolk, auf welchem der Bestand der Welt beruhte. Und eben dies war der positive Gedanke des Judentums. Die übrige Menschheit mochte mit großartigen Leistungen menschlicher Kraft und Kunst gleißen, oder sie mochte sich an dem Geringeren ergötzen, da ihr doch das Höhere versagt war; sie mochte augenblicklich auch noch zur Läuterung und Vollendung Israels die Herrschaft auf Erden besitzen, schließlich war sie doch bestimmt, sich den Juden zu unterwerfen, und dann entweder dieselben aus freiem Triebe mit ihren Gaben zu schmücken, oder im Fall des Widerstrebens, wie die früheren Bewohner Kanaans, das Los der Ausrottung zu erfahren ... *Dann würden die Völker sich die Juden zu ihren Führern erwählen*, sie würden von ihnen die himmlische Weisheit lernen, und den heiligen Märtyrer Israel, den sie so lange verkannt hätten, in der Weise preisen, wie es Jesaia Kap. 53 schon gelehrt hätte.

Die Erfüllung dieser Weissagung muß nahe herangerückt sein, oder sie ist fast schon da.

Das ist auch heute das Fundament, auf welchem sich alle jüdischen Anschauungen bewegen. Der Unterschied zwischen der früheren Zeit und der Gegenwart ist nach de le Roi nur der :

> *früher* kannten die Juden für ihre Erhabenheit noch eine Bedingung, nämlich den Gehorsam gegen den Talmud; *heute* wird zumeist auch diese Bedingung erlassen, und die jüdische Person selbst tritt mehr und mehr allein an die Stelle, welche vorher noch jenes Gesetz mit eingenommen hatte; es genügt, eine jüdische Person zu sein und zu bleiben, um von vornherein auf der höchsten Stufe der Menschheit zu stehen..."

V.

Der Talmud ist, ebenso wie das alte Testament in dem der abendländischen Welt schwer zugänglichen Idiom des Hebräischen verfaßt, während das alte Testament aber durch die Luther'sche Übersetzung seitdem 16. Jahrhundert Gemeingut der deutschen Nation wurde, ist der eigentliche Inhalt des Talmud dem größeren christlichen Publikum bis in die neuere Zeit eigentlich unbekannt geblieben.

Der gelehrte Orientalist, *Dr. Eisenmenger*, welcher Ende des 17. Jahrhunderts in Heidelberg lebte, hat den Inhalt des Talmud dem christlichen Publikum durch Übersetzung zugängliche zu machen gesucht. Was er da zu Tage förderte, war in der Tat eine Art *Entdeckung und so nannte er sein Buch auch* "Entdecktes Judentum." Constantin Frantz in seiner Broschüre "*der National-Liberalismus und die Judenherrschaft*" (München 1874) sagt darüber folgendes: "Was die Juden in diesem Punkte (nämlich im Punkte der Herabsetzung dessen, was ihnen nicht paßt) zu leisten vermögen, ... dafür dient als auffallendster und belehrendster Beleg, was sie seiner Zeit gegen *Eisenmenger* unternahmen, dessen großes Werk "*Entdecktes Judentum*" dem christlichen Publikum die Geheimnisse des Talmud erschloß. Dieser gelehrte Orientalist, zuletzt Professor in Heidelberg, hatte viele Jahre an dem Werke gearbeitet, auf dessen Herausgabe er sein ganzes Vermögen verwandte. Kaum war es aber in Frankfurt a. M. gedruckt, so boten die Juden dem Autor eine Geldsumme, wenn er von der Publikation abstände und ihnen die bereits fertige Auflage überließe. Als er das ablehnte, erwirkten sie in Wien einen kaiserlichen Befehl, infolge dessen die ganze Auflage mit Beschlag belegt wurde. Zu dieser Maßregel hatten sie die kaiserlichen Räte durch die Vorspiegelung bewogen: das Werk enthalte gefährliche Angriffe gegen den Katholizismus. Ob daneben auch klingende Gründe mitspielten, mag dahin gestellt bleiben, obwohl es gar sehr danach aussieht. Vergebens bemühten sich die Erben des dadurch tief gekränkten und bald darauf verstorbenen Autors, die Beschlagnahme wieder aufheben zu lassen. Sie suchten daher Hilfe bei dem König *Friedrich I.* von Preußen, der in der Sache selbst an den Kaiser Leopold I. und dann an Joseph I. schrieb, und beiden die Grundlosigkeit des jüdischen Vorgehens darlegte. Dabei die merkwürdigen Worte:

> "daß es der christlichen Religion verkleinerlich sein würde, wenn die Juden so mächtig sein sollten, daß sie ein zur Verteidigung derselben wie zur Widerlegung ihrer Irrtümer verfertigtes Buch unterdrücken könnten!"

Half gleichwohl nichts, der Judeneinfluß erwies sich erfolgreicher in Wien, als die Fürsprache des vornehmsten deutschen Reichsfürsten. *Da ergriff dieser König das wahrhaft königliche Auskunftsmittel, daß er das Werk auf eigene Kosten von neuem drucken ließ*, was dann zugleich die Folge hatte, daß hinterher auch die dadurch nutzlos gewordene Beschlagnahme der ersten Auflage wieder aufgehoben wurde und so das Werk endlich ins Publikum kam. (Näheres darüber bei de Cholewa Pawlowski "der Talmud" 1866). Die Eisenmenger'sche Übersetzung ist auf Befehl

König *Friedrich I.* von verschiedenen Universitäten geprüft und vollkommen genau und probehaltig befunden worden.

Inzwischen ist das Werk von Eisenmenger ziemlich umfangreich, auch ist dasselbe zur Zeit selten und teuer geworden. Es entsprach daher einem vorhandenen Bedürfnis, als Professor *Rohling* es neuerdings unternahm, den Talmud mittelst einer billigen auszüglichen Bearbeitung dem Verständnis der Nichtjuden wieder aufzuschließen. Das kleine Buch ("*Der Talmudjude*", Münster 1873) hat schnell nacheinander 5 Auflagen erlebt. Es geht aus dem Werkchen als unzweifelhaft hervor, daß die Moral, welche der Talmud lehrt, denn doch eine wesentlich andere ist, als die des Christentums. Es versteht sich von selbst, daß diese talmudische Moral des Judentums unter anderem auch ein besonderes Verhalten der Juden, gegenüber den Christen, in öffentlichen, privaten und geschäftlichen Angelegenheiten bedingt. Es würde zu weit führen, wenn wir hier auf die Lehren des Talmud näher eingehen wollten. Man mag Näheres darüber in dem oben gedachten "*Talmudjuden*" des Professor *Rohling* nachsehen.2) Nur so viel sei hier betont, daß nach der Talmudlehre alle Nichtjuden (Goim) den Juden gegenüber völlig rechtlos sind. Dieser notorischen Talmudlehre gegenüber, welche sogar den an Nichtjuden geleistete Eid gegenstandslos macht, dürfte genügend jene in Preußen erst in den vierziger Jahren beseitigte rechtliche Auffassung rechtfertigen, laut welcher der jüdische Eid nicht als vor Gericht vollgültig erachtet wurde.3)

Die Staatsgrundsätze, wie sie noch in den ersten Dezennien dieses Jahrhunderts in den meisten europäischen Staaten Geltung hatten, nahmen an, daß die Entwickelung jedes Staatswesens vor allem mitbedingt werde durch die Religion, welcher die große Mehrheit der Staatsbewohner angehöre, indem von dem Geiste dieser Religion die Staatseinrichtungen durchdrungen und getragen würden, wie auch naturgemäß das Handeln und Verhalten der Staatsbürger durch das Sittengesetz bedingt werde, welches von der Religion der Staatsbürger ausgeht. - In diesem Sinne waren die europäischen Staaten *christliche* und sind es auch noch oder sollten es doch sein. Es verstand sich dieser älteren Staatsweisheit von selbst, daß man ein christliches Amt nichtchristlich verwalten könne, ohne Christ zu sein; und wenn die *Staatsgesetzgebung* eine *christliche* war und sein sollte, so zog jene ältere Staatsweisheit auch die vollkommen logische Konsequenz, daß *Juden* nicht mithelfen können *christliche* Gesetzgebung zu machen. Im englischen Parlamente waren dieser Anschauung zufolge bis in die letzten Dezennien hinein Juden von der Mitgliedschaft des Parlamentes ausgeschlossen. Wenn wir nicht irren, war ein Bankier James Rothschild das erste jüdische Parlamentsmitglied.

Damit sind wir bei der sogenannten *Emanzipationsbewegung* angelangt. Seit den zwanziger und dreißiger Jahren dieses Jahrhunderts macht sich eine Bewegung geltend, welche dahin strebt, die Juden den christlichen Staatsbürgern völlig und in allen Dingen gleichzustellen, ihnen also auch die sämtlichen Staatsämter zu eröffnen und die volle Beteiligung an der Gesetzgebung einzuräumen. Das konnte natürlich nur dann allen Ernstes zur Durchführung gelangen, wenn man zu der Auffassung überging, daß *Staat und Religion* überhaupt in keiner wesentlichen

Beziehung zu einander stehen, daß also von christlichen Staaten nicht weiter die Rede sei. Die christlichen Vorkämpfer der "*Judenemanzipation*" sind sich darüber jedoch schwerlich klar geworden. Im alten jüdischen Staate, in welchem Alles und Jedes durch die jüdische Staatsreligion bedingt war, ist z. B. an eine *Heidenemanzipation* niemals gedacht worden. Hätte ein Jude eine solche Heidenemanzipation vorzuschlagen gewagt, so wäre er ohne Zweifel gesteinigt worden. Jene "Toleranz", welche die Juden von uns verlangen, ist im alten jüdischen Staate niemals und zu keiner Zeit geübt worden.

Die Juden ihrerseits haben auch nach der sogenannten "*Emanzipation*" von ihren alten Prätensionen <Anspruch, Anmaßung> nichts aufgegeben. Sie sind nach wie vor das auserwählte Volk, bestimmt, an der Spitze der Weltkultur zu marschieren und über alle Völker des Erdballs zu herrschen. Von einem *Aufgehen* der Juden in die übrige Bevölkerung ist nichts zu bemerken. Sie halten ihre volle Eigenart fest und bilden allenthalben einen Staat im Staate, ein Volk im Volke. Sie sind überall zuerst Juden, ehe sie Deutsche, Franzosen, Engländer usw. sind. Ihre Stammes- und Religionsgenossen am fernsten Ende der Welt stehen ihnen allenthalben näher, als die Bewohner des Staates, in welchem sie sich befinden. Überdies sind sie außer durch Rasse, Religion, Nationalität, Geschichte und Tradition auch noch durch eine eigene, den Kulturvölkern in der großen Masse völlig unbekannte Sprache mit einander verknüpft. Die *Alliance Israelite* ist die äußere Symbolisierung dieser internationalen Solidarität aller Juden der Welt.

VI.

Die allgemeine Beobachtung hat bei den Juden von jeher eine *Vorliebe für Geld- und Handelsgeschäfte*, sowie eine starke *Abneigung gegen schwere körperliche Arbeit* wahrgenommen. Neuerdings wollte man glauben, diese Abneigung und jene Vorliebe seien nur ein Produkt der Stellung, welche die Juden im mittelalterlichen Staatsleben eingenommen, sie hätten stets nur den Handel und die Geldgeschäfte kultiviert, weil man sie von der Ausübung anderer Berufsarten ausgeschlossen; sobald diese letztere Beschränkung wegfalle, d.h. sobald man die Juden "emanzipiere", würden sie sich bald gleichmäßig *allen* Berufsarten und Tätigkeiten zuwenden. Bei näherer Prüfung des Sachverhaltes erweist sich diese Annahme jedoch als irrtümlich. Schon *vor* den Zeiten des Mittelalters ist Vorliebe für Handelsgeschäfte und Abneigung gegen schwere körperliche Arbeit bei den Juden konstatiert worden, während andererseits die "Judenemanzipation" keine Spur solcher Folgen aufweist, wie man sie sich von derselben auf seiten humanistischer Schwärmer versprochen hat.

Der Handel und das Geldgeschäft sind von allen Berufsarten diejenigen, welche bei geringster körperlicher und geistiger Arbeit die größten Geldgewinne einbringen, während man umgekehrt vom Landbau sagen kann, daß er bei relativ größter körperlicher Anstrengung die verhältnismäßig geringsten Geldgewinne abwirft. Für ein Volk aber, welches, wie die Juden, als kleine Minorität unter allen Völkern der Erde zerstreut lebt, dabei jedoch die Tendenz hat, allenthalben eine *dominierende*4) Stellung einzunehmen, ist es fast selbstverständlich, daß es sich ganz überwiegend nur solchen Berufstätigkeiten widmet, welche mit geringster Arbeit und größten Gelderfolg oder die größte Förderung der dem Volke Israel innewohnenden Herrschaftstendenz auf anderen Wegen versprechen. Die Verheißung des *Talmud*, welcher ihnen eine Zukunft in Aussicht stellt, "in welcher sie unermeßlich reich werden, alle Schätze der Welt in ihre Hand bekommen, alle Völker ihnen dienen und alle Königreiche ihnen untertänig sind," ist ihr Leitstern, welchem sie folgen.5)

Das Medium der Weltregierung ist zur Zeit das Geld, und es wäre eine Inkonsequenz ersten Ranges, wenn eine an Zahl unendlich untergeordnete, dennoch zur Weltherrschaft berufene Volks-, Rassen- und Religions-Gemeinschaft sich mit dem Landbau abmühen wollte, welcher zwar viel Arbeit erfordert, aber im Allgemeinen wenig einbringt. Man kann sogar wörtlich im Talmud (Tr. Jebam. f 63 I) folgendes lesen: "Es gibt keine schlechtere Hantierung als den Feldbau. Wenn jemand 100 Silbermünzen in der Handlung hat, so kann er alle Tage Fleisch und Wein genießen; wenn er aber 100 Silbermünzen zum Feldbau anwendet, so kann er nur Salz und Kraut essen." – Man sieht hieraus, daß die Vorliebe der Juden für Geld- und Wechselgeschäfte und ihre Abneigung gegen den Landbau durchaus prinzipiell ist.

Der einzige Weg, sich in Besitz der verheißenen Weltherrschaft zu setzen, für ein Volk, welches sich numerisch zu den Landesbewohnern in Deutschland z. B. wie 1 zu etwa 72 verhält, besteht logischer Weise darin, sich in erster Linie die Geldherrschaft und damit die Weltherrschaft zu sichern. Es ergibt sich hieraus ein prinzipielles Verhalten des Judentums zu den Fragen der Geld- und Handelsgesetzgebung, welches näher beleuchtet werden muß.

Das moderne Wirtschafts-System ist ein System allgemeiner permanenter und grundsätzlicher Verschuldung und Schuldenwirtschaft ("Kreditwirtschaft") geworden. Die Staaten, Provinzen, Kommunen häufen Schulden auf Schulden, die Aktiengesellschaften arbeiten mit kolossalen Schulden; der gesamte Grundbesitz erliegt bereits fast unter der Last der ihn drückenden Schulden; Handel und Industrie sind in eine völlig krankhafte Schuldenwirtschaft hineingeraten, und selbst der kleinste Verkehr ist zu einer permanenten Schuldenwirtschaft geworden.

Wer verschuldet ist, ist abhängig von seinem Gläubiger. Die General-Gläubiger aller heutigen Wirtschaftsbetriebe, vom Staate bis herab zum Privatmanne, sind die großen Finanzmächte, und diese Finanzmächte sind ganz überwiegend mosaischen Glaubens. Hier ist die israelitische Weltherrschaft also schon verwirklicht.

Neben dem System der allgemeinen, grundsätzlichen und permanenten Schuldenwirtschaft, ist es das System der immer zunehmenden Aktien-Wirtschaft und des damit verknüpften Börsenspieles, welches die gewaltigen Handhaben der Weltherrschaft für die modernen großen Finanzmächte bildet. Diese Systeme, zu welchen sich noch des moderne Wechselrechtes gesellt, sind durch eine eigentümliche Gesetzgebung so eingerichtet, daß sie gewissermaßen eine großartige Geld-Pump-Maschinerie bilden, welche nach Willkür derjenigen, welche die großartige Maschine handhaben, das Geld aus den Kreisen, wo es erarbeitet wird, permanent massenhaft wegpumpen, um es dahin zu transferieren, wo es sich in Händen der großen, meist *mosaischen Geldmächte* in ungeheuern Massen häuft.

Es entspinnt sich aus diesen Verhältnissen ein eigentümlicher, vielfach nur instinktiv empfundener Antagonismus zwischen den israelitischen Handels- und Geld-Pump-Mächten einerseits und den eigentlich arbeitenden großen christlichen Bevölkerungskreisen andererseits.

Die in Rede stehende Maschinerie der hohen Finanzkreise ist jedoch versteckt angelegt und mit vielem Geschick so konstruiert, daß das Prinzip ihrer Konstruktion nicht leicht durchschaut werden kann. Daher wird vielfach unten, in den arbeitenden christlichen Bevölkerungskreisen, der gewaltige Druck des ungeheuern, mit Milliarden arbeitenden finanziellen Pumpwerkes zwar empfunden, ohne daß jedoch die Mehrzahl sich eine klare Rechenschaft von dem Zusammenhange der großen Geld-Pump-Maschinerie zu geben vermag. Aus der zum Teil nur instruktiven, andererseits aber auch durch die alltägliche Beobachtung geleiteten Empfindung dieser Vorgänge erklärt sich sehr objektiv die in den Kreisen der Landwirtschaft, des Handwerkes und des Kleingewerbes und überhaupt der arbeitenden Bevölkerung vorwaltende unvertilgbare Abneigung gegen das Judentum.

Dazu kommt, daß unsere jüdischen Mitbürger zu allen Zeiten das Gewerbe des *Wuchers* in seiner raffiniertesten Ausbildung und in wahrhaft blutsaugerischer Weise betrieben und sich dadurch stets von Neuem den Unwillen der von ihnen ausgebeuteten und ausgesogenen Bevölkerung zugezogen haben. Der *Wucher* bietet die beste Chance, auch *kleinere* Kapitalien gewinnreich zu verwerten und das angesammelte Kapital möglichst rasch zu vervielfältigen, daher konnten es die Juden, trotz blutiger Bestrafung durch die empörten Bevölkerungen, nie unterlassen, ans alte Ende immer wieder anzuknüpfen und stets von Neuem wieder dem Wucher zu fröhnen.

VII.

Der bekanntlich "liberale" Staatsrechtslehrer R. v. Mohl urteilt in seiner "Politik" Bd. 2, S. 673 ff über die Stellung der Juden im christlichen deutschen Staate wie folgt:

Es ist nicht richtig, "daß die Juden mit einziger Ausnahme der Religion der übrigen Bevölkerung wesentlich gleichartig sind ... Der eine Punkt, in welchem die Voraussetzung als wesentlich unrichtig bezeichnet werden muß, ist der, daß man die doppelte Nationalität derselben übersehen hat ... Der Jude ist nicht Deutscher allein, sondern er ist auch Jude; ja er ist dies sogar vor allem und ehe er Deutscher ist und sich als solcher fühlt." "Die Juden halten an ihrer Stammeseigentümlichkeit mit unerschütterlicher Festigkeit, sind von ihr ganz durchdrungen ... und bleiben nach Jahrhunderten vollkommen getrennt und verschiedenartig ..." "Sie bilden nirgends eine geschlossene, auf einem bestimmten Territorium zusammenbleibende Gesamtheit, sondern sind in einzelnen Familien zerstreut über das ganze Land. Und doch verbleiben sie in ihrer Eigenart, *sind ihren in anderen Staaten in gleicher Weise lebenden Stammverwandten gleichartiger und zugetaner, als ihren zufälligen, tatsächlichen Landsleuten.*"

"Der zweite Punkt, in welchem jener Voraussetzung sich als unrichtig erweist, ist *die entschiedene Scheu der Juden vor gerade denjenigen Arbeiten, auf welchen die Gesellschaft vorzugsweise beruht, nämlich vor Ackerbau und jedem, eine starke Körperkraft erfordernden Handwerk.* Auch da, wo sie seit Jahrzehnten Grund und Boden erwerben, jedes Gewerbe betreiben dürfen, gehört es zu den seltensten Ausnahmen, daß ein Jude das Feld selbst bebaut, oder das Handwerk eines Schmiedes, Zimmermannes, Maurers u. dergl. betreibt; man findet sie nicht unter den Eisenbahnarbeitern, den Matrosen, den Bergleuten. Zur Not ergreifen einige die feineren Gewerbe, z. B. das eines Gold- oder Silberarbeiters, eines Buchhändlers, Buchbinders. Der größte Teil geht dem Handel in seinen verschiedensten Zweigen und Dienstleistungen nach; ein anderer, im Verhältnisse zur Gesamtzahl der jüdischen Bevölkerung immerhin sehr bedeutender Teil widmet sich den Wissenschaften und Künsten oder treibt *das gewerbemäßige Literatentum. ... Man soll nicht behaupten, daß dies ein gesunder, den wahren Interessen der Gesellschaft zuträglicher Zustand sei;* man soll nicht übersehen, daß hier eine eigentümliche und fremdartige Natur des Stammes hervortritt."

So der "liberale" Staats-Rechtslehrer R. von Mohl. - Man vergleiche nun mit diesen und den voraufgehenden Ausführungen die statistischen Ziffern, welche sich im Anhange zur vierten Auflage der Wilmanns'schen "Goldenen Internationale" (S. 108 u. ff) finden.

1861 kam in Preußen je 1 Jude auf 72 Einwohner. Dagegen kamen *selbständige* Christen auf je 1 Juden:

bei der Landwirtschaft 1700

" " Industrie 221

beim Verkehr (Gastwirte, Schankwirte usw.) ... 70

" Handel 5 1/5

Diese herabgleitende Skala ist schon sehr interessant: je schwerer und unrentabler die Arbeit, desto geringer die Beteiligung der Juden und umgekehrt. Ziemlich allgemein wird angenommen, daß bei voller Gleichberechtigung die Juden ihrer einseitigen Lebensrichtung entsagen und der Landwirtschaft oder der Industrie sich mehr zuwenden würden. Wie unrichtig diese Annahme ist, zeigen die Ziffern, welche Herr Wilmanns Seite 111 u.f. seiner Broschüre (4. Aufl.) mitteilt.

Das *Juden-Emanzipations-Gesetz* in Preußen datiert vom 23. Juli 1847. Die seitdem erfolgte Bewegung in der Beteiligung der Juden an den verschiedenen Tätigkeitsbranchen, so weit dieselbe statistisch konstatiert ist, gibt folgendes Bild, welches die Unrichtigkeit der gedachten Annahme schlagend nachweist. Von der jüdischen Bevölkerung waren selbständig:

1849 1861 _____

1) *Als Ärzte, Lehrer in den schönen Künsten* 1610 2086

2) *Im Handel*

   a. Als Bankiers, Wechsler usw. 314 550

   b. Großhändler ohne Läden 1002 2785

   c. Kaufleute mit Läden 6528 9736

   d. Lieferanten, Kommissionäre, Pfandleiher 1444 2035

   e. Viktualienhändler, Höker 2887 3003

   f. Trödler 1054 1209

   g. mit stehendem Kramhandel 5233 4814

   h. umherziehende Händler 3117 4699

   als Gehilfen ad a - d 3664 7665

   " " " e - g 587 650

   " " " h 531 599

   i. als Pferdehändler 805 938

3) *Industrie und Landwirtschaft*

   Mechaniker, Künstler und Handwerker 8615 8279

   als Gehilfen 3439 3166

   Landwirte, Gärtner 582 643

   Pächter einzelner Nutzungen 35 26

Inhaber ländl. Brau- und Brennereien 323 302

4) *Anderweite Verhältnisse*

in niederen Kommunaldiensten 536 449

als Tagelöhner 2588 2106

als Gesinde 6000 4814

5) *ohne wirtschaftliche Tätigkeit*

als Rentiers 1677 2992

von Unterstützungen 2230 2187

als Bettler 3533 2435

Diese Liste konstatiert die stärkste *Zunahme* da, wo die geringste Arbeit und der größte Gewinn ist, nämlich im *Bankgeschäft* und im *Großhandel*. In denjenigen Tätigkeiten, welche körperliche Arbeit bei geringem Gewinnst erfordern, finden wir durchweg *Abnahme* der Selbsttätigen und zwar finden wir, höchst charakterischer Weise, die Abnahme, bezw. eine nur ganz geringe Zunahme auch in den niedern, mehr mühsamen und weniger einträglichen Handelsbranchen. Wenn die "Landwirte" von 582 auf 643 stiegen, so ist dies auf den Umstand zurückzuführen, daß die Zunahme des Reichtums im Fache der Bankiers und Großhändler öfter Grundbesitz als eine Art von Luxus erworben wird. Die Eigentümer sind dabei selten persönlich die Bewirtschafter. – Die Zahl der *Rentiers* hat eben so sehr zugenommen, wie die Zahl der Unterstützten und Bettler abgenommen hat.

Es steht mit dieser Bewegung in bemerkenswertem Zusammenhang, daß die jüdische Bevölkerung sich zunehmend in den *großen Städten* konzentriert, und zwar ganz besonders in den *Börsenplätzen*. Von 1849 - 1875 hat sich z. B. die Einwohnerzahl in Berlin etwas mehr wie *verdoppelt*, die der jüdischen Bevölkerung hat sich dagegen *verfünffacht*, indem sie von 9604 Seelen im Jahre 1849 auf etwa 50 000 im Jahre 1875 gestiegen ist. Danach käme jetzt in Berlin auf je etwa 20 Einwohner 1 Jude. Nach Angabe der "Germania" ist dagegen von den *Stadtverordneten* Berlins etwa die Hälfte dem semitischen Stamme angehörig. Auch derzeitige *Vorsitzende* Dr. Straßmann zählt hierhin.

Entsprechend ändern sich für die Großstädte auch die Verhältniszahlen der Selbsttätigen, 1861 kam ein Jude auf je drei Kaufleute, in Breslau auf je zwei.

"Die Juden erlangen auf diese Weise" – sagt Wilmanns (s. a. S. 114) – "namentlich in den Verkehrszentren, welche für den Handel in den Provinzen tonangebend sind, und ihn beherrschen, mehr und mehr einen maßgebenden Einfluß auf den gesamten Verkehr. Wesentlich erhöht wird dieser Einfluß dadurch, daß sie besonders wichtige Branchen in sich nahezu monopolisieren. Vor allem beherrschen sie die Banken und Börsen, in denen der Verkehr des ganzen Landes gipfelt. Im preußischen Staate gab es im Jahre 1855 überhaupt 513 Bankiers, darunter waren 385 Juden; im Jahre 1861 betrug die Gesamtzahl 642, darunter 550 Juden. Aus neuester Zeit fehlen entsprechende Tabellen."

Im Zentralausschuß der neuen sogenannten "*Reichsbank*" sind, nach den Mitteilungen der Blätter, unter 15 Mitgliedern 11 Juden.

"Ähnlich verhält es sich mit dem *Großhandel*, so weit er mit der Börse in Verbindung steht; bereits im Jahre 1855 existierten in Berlin 519 Großhändler ohne offene Läden, davon waren 444 Juden; in Breslau 242, darunter 212 Juden."

Diejenigen Tätigkeiten im moderenen Staat, welche die allergrößten Gewinne abwerfen und die allergeringste Arbeit erfordern, sind also schon fast völlig in den Händen unserer Mitbürger semitischer Abstammung *monopolisiert*.

VIII.

Die von uns mitgeteilten statistischen Ziffern stellen völlig objektiv die Tatsache fest, daß die Israeliten nicht nur die gewinnreichsten und am wenigsten mühsamen Erwerbszweige nahezu in ihren Händen bereits konzentrieren, sondern daß dieser Konzentrations-Prozeß auch mit der dem Gesetze der schiefen Ebene beiwohnenden Beschleunigung vor sich geht.

Die Annahme, daß die Israeliten, einmal "*emanzipiert*", sich allmählich den Beschäftigungen der übrigen Bevölkerung assimilieren würden, hat sich also als völlig unzutreffend erwiesen, da seit dem Juden-Emanzipationsgesetz in Preußen *eine in diametral entgegengesetzter Richtung gehende Entwicklung statistisch nachgewiesen ist.*

Nun muß es aber an und für sich schon als eine Tatsache von höchster Bedeutung und Wichtigkeit angesehen werden, wenn eine *in sich fest abgeschlossene Religions- und Volks-Gemeinschaft*, gewissermaßen ein Staat im Staate, wie die Juden ihn in jedem Staate bilden, nicht nur in sich eine immer mächtiger anschwellende Geld-Kapitalherrschaft monopolisiert, sondern zugleich ihre Angehörigen überhaupt zu den immer mehr überwiegend wohlhabendsten Bewohnern der Staaten macht, in welchen sie wohnen.

Es ergibt sich nämlich aus diesen einfachen, mit Zahlen bewiesenen, unbestreitbaren Tatsachen die weitere Folge, daß die Juden in Folge ihrer vorwaltenden Wohlhabenheit auch vorwaltenden Zugang zu den Bildungsmitteln des Staates haben und zugleich vorwaltenden Einfluß auf die Entwicklung des modernen Staatslebens überhaupt nehmen und immer mehr gewinnen *müssen*.

Ehe wir diese Seite der Frage näher erörtern, haben wir vorerst noch zu zeigen, welcher Art der Einfluß ist, welchen das Judentum zunächst unmittelbar auf die Entwicklung der *Geldgeschäfte* und des *Handels* bei uns übte. Die "Goldene Internationale" äußert sich (4. Aufl. S. 56 u. f.) hierüber in folgender Weise:

"Im umfassendsten Maße kommen, wie dargetan worden, die Vorteile aus der einseitigen Richtung unserer Gesetzgebung dem der Spekulation dienenden Kapital zu statten. Die Sammel- und Stützpunkte derselben sind die Börsen und Banken. Diese bilden daher naturgemäß den Mittelpunkt für die Organisation der Geldmächte. Der kosmopolitischen Natur des Geldkapitals entsprechend, hat dieselbe einen *internationalen Charakter*. Die Herstellung des internationalen Bundes hat sich gewissermaßen von selbst gemacht. An den Börsen und Banken dominiert bekanntlich das *jüdische Volk*; Glagau, der bekannte Verfasser der Artikel in der "Gartenlaube" über den Gründungsschwindel, gibt in Übereinstimmung mit der "Germania" das Verhältnis auf etwa 8 : 1 an. (Diese Angabe wurde zwar von jüdischer Seite bestritten, dabei aber von *ihrer* Seite behauptet, daß die Juden einen nur "wenig überwiegenden" Bestandteil unserer Börsenleute bilden: die Juden *überwiegen also an der Börse numerisch auf alle fälle; tatsächlich* wird die Börse von ihnen regiert und dirigiert. D. V.) Das jüdische Volk ist aber wie geschaffen dazu, den Mittelpunkt jenes Bundes zu bilden: Es hat gegen den Ackerbau ein auf den Talmud gegründetes Vorurteil. Der Erwerb durch körperliche Arbeit widerstrebt seinem Nationalcharakter: nur in der äußersten Not greift es zum Handwerk. Es lebt vom Handel und hat hier durch seine einseitige Lebensrichtung im Laufe der Jahrhunderte eine dem Christen weit überlegene Gewandtheit erlangt, welche dasselbe *für die Spekulation* ganz besonders befähigt. Sein Sittengesetz kommt ihm dabei ganz außerordentlich zu statten. Leider herrscht über dasselbe in weiten Kreisen die größte Unkenntnis. Einiges Licht verbreitet die lesenswerte Schrift des Professor Dr. Rohling, "Der Talmudjude" (Münster, 1873, bei Ad. Russel); wir würden geneigt sein, dieselbe für ein Pamphlet zu halten, wenn dieselbe nicht, trotz ihrer vierten (jetzt schon fünften) Auflage sachlich unwiderlegt geblieben wäre, obwohl der Verfasser auf den Nachweis der geringsten Unrichtigkeit einen hohen Preis gesetzt hat. Für unsere Zwecke reicht es aus, hervorzuheben, daß jeder Christ dem Juden als "Feind" erscheint (a. a. O. S. 32); es ist erlaubt, ihm Unrecht zu tun, ihn zu betrügen und auszubeuten (S. 34). Der Wucher, welcher dem Juden gegenüber getadelt wird, ist im Verkehr mit Christen ein verdienstliches Werk, nach Ansicht vieler Rabbiner sogar die Pflicht (S. 37); mit Christen Erbarmen zu haben, wird als Unrecht gerügt (S. 40); hingegen ist es erlaubt, Liebe zu heucheln, wenn das Interesse Israels es erfordert (S. 83). – Gern erkennen wir an, daß einzelne Juden humanen Prinzipien folgen, aber es beruht auf bitterer Täuschung, wenn man glaubt, daß das Volk solches, oder auch nur der Teil desselben, welcher angeblich die Lehren des Talmud verwirft (die sogenannten Reformjuden), nach wesentlich andern Grundsätzen handeln werde. Ein Sittengesetz, welches seit mehr denn einem Jahrtausend die Grundlage für die Erziehung eines Volkes gebildet hat, ist mehr als eine bloße Lehre; sein Inhalt bildet einen wesentlichen Bestandteil des Volkscharakters, welcher für die Gesamthaltung notwendig bestimmend ist: In der ganzen Welt finden wir die Juden da am stärksten vertreten, wo entweder das Elend oder die Spekulation ihren Sitz haben; dort beuten sie die "Not", hier die "Gewinnsucht" aus. Wo auf dem Lande ein wohlhabender Bauern-, in den Städten ein bürgerlicher Mittelstand sich erhalten hat, haben sie nicht ihre Stätte. ... Auf dem *Lande* werden zunächst die Schankstätten mit Beschlag gelegt und bereitwilligst Kredit zu Wucherzinsen bewilligt; an den Fälligkeitsterminen werden einzelne Inventarstücke verschrieben: ein Stück folgt dem andern, dem Inventar die Ernte und dieser der Acker. In den Landstädten wird die Aufmerksamkeit hauptsächlich auf die Kramläden gerichtet, in denen die ländliche Bevölkerung ihre Einkäufe macht; hier figurieren hauptsächlich die Agenten der angesehenen Häuser an den Börsenplätzen, welche Rumänier, Türken, amerikanische Prioritäten unterzubringen haben und deren Verdienst es gestattet, den "Schleppern" in der Provinz einige Prozentchen zu überlassen. In den großen Städten sind die Pfandleih-Anstalten und Rückkaufgeschäfte einerseits und die Läden, in welchen die Fabrikate der unselbständigen Handwerker und der auf ihrer Hände Arbeit angewiesenen Frauen zum Verkaufe ausgeboten werden, vorwiegend in den Händen von Juden. Mit kleinen Mitteln wird Großes erstrebt: Hausierer und Händler, welche einige Hundert Taler aus der ländlichen Bevölkerung herausgepreßt haben, siedeln mit Vorliebe nach den Verkehrszentren über, wo einer den andern nicht kennt und deshalb die Spekulation am schwunghaftesten betrieben werden kann. Hier werden glänzende Läden errichtet, umfassende Kredite genommen und gewährt; im Falle des Gelingens ist das Glück gemacht, im Falle des Mißlingens in der Regel - ebenso: die Stammesgenossen sorgen schon dafür, daß im Falle des Konkurses ein günstiger Akkord oder eine sonstige "Schiebung" zu Stande kommt."

Sehr bemerkenswert schließt sich hier die Tatsache an, daß unsere Geld- und Handelsgesetzgebung in vielen Beziehungen weit eher nach talmudischen, als nach christlichen Moralanschauungen gemacht scheint. Den Ursachen dieser höchst wichtigen Erscheinung haben wir demnächst noch etwas näher zu treten.

IX.

Nach Berechnungen des Herrn Bankier *Ad. Samter* in Königsberg, welche auf den amtlichen Zahlen basieren, zählte man 1872 in Preußen bei einer Bevölkerung von nahe 24 Millionen Köpfen, rund 8 900 000 selbsttätige Personen. Von diesen bezogen 81,48 % ein Einkommen von etwa 190 Talern, 13,45 % von etwa 420 Talern, 3,27 % von etwa 880 Talern und 1,80 % von etwa 3000 Talern im Durchschnitt.

Während also 81,48 % der Gesamtbevölkerung ein Einkommen von etwa 190 Talern im Durchschnitt haben, fallen der von uns für 1861 mitgeteilten Berufsstatistik der Juden nur höchstens 20 % der selbsttätigen Israeliten in diese unterste Einkommensklasse.

Dagegen kommen auf je 100 selbsttätige Juden im Jahre 1861 bereits ein Bankier und nahe fünf Großkaufleute. Bankiers und Großkaufleute rechnen durchschnittlich in die höchste Einkommensklasse. Während also 1867 von der Gesamtbevölkerung (einschließlich der Juden) 1,80 % in die höchste Einkommensklasse rechneten, gehörte dieser Klasse bereits im Jahre 1861 von den Juden rund 6 % allein an Bankiers und Großkaufleute an. 1867 gehörten von den selbsttätigen Personen der Gesamtbevölkerung 2,0 % dem Stande der Rentiers an, 1861 betrugen die Rentiers bei den Juden bereits rund 5 % der selbsttätigen Personen. – Dazu kommt die weitere Tatsache, daß nach der von uns mitgeteilten vergleichende Tabelle für die Jahre 1849 und 1861 die Juden immer mehr in die höhere Einkommenklasse aufrücken und in den niederen Einkommenklassen abnehmen.

Diese bedeutenderen Wohlhabenheit der Juden entspricht es, daß dieselben auch einen relativ überwiegenden Anteil an der *Benutzung unserer höheren Bildungsanstalten* nehmen.

Nach den Angaben der "Goldenen Internationale" kam 1856 in Preußen je 1 Jude auf 72 Einwohner, dagegen 1 Jude auf 14 Real- und höhere Bürgerschüler, 19 Gymnasialschüler und 30 Progymnasialbesucher. Nach Stiehl's Zentralblatt ist die Zahl der Gymnasiasten von 1867 bis 1873 überhaupt um 14 Prozent, die der *jüdischen* Gymnasiasten dagegen um 30 Prozent gestiegen. Nach einer Publikation in der "Vossischen Zeitung" kam innerhalb Preußen im Jahre 1875 je 1 Jude auf 9,5 Gymnasiasten und auf 10,5 Realschüler 1. Klasse.6) Speziell in Berlin bildeten z. B. die jüdischen Schüler auf den Gymnasien 14,8 Prozent, auf den Real-, Gewerbe- und höheren Bürgerschulen 9,86 Prozent der Gesamt-Schülerzahl!

Wilmanns knüpft an diese Ziffern folgende Betrachtungen: "Der "direkte" Einfluß auf die Staats-Entwicklung "durch Bekleidung von Staatsämtern" war den Juden bisher bei uns entzogen. Erst seit kurzem ist ihnen die richterliche Laufbahn und der Eintritt in die Staatsverwaltung eröffnet, und bereits überschwemmen jüdische Referendare die Regierungs- und Gerichts-Kollegien. Die Zukunfts-Aussichten läßt eine Mitteilung der "Allgem. Ztg. des Judentums" klar erkennen. Sie lautet: "Aus einer Statistik der deutschen Universitäten ergibt sich für das Sommersemester 1875 im Vergleich zum Sommersemester 1874 eine Abnahme der auf deutschen Universitäten studierenden Mediziner. Eine der mannichfachen Ursachen für die Abnahme der Mediziner möchten wir in dem Umstande suchen, daß gegenwärtig die jüdischen Studierenden *in großer Zahl der Jurisprudenz sich zuwenden*, während sie früher, als die juristische Karriere ihnen so gut wie verschlossen war, zum größten Teil Medizin studierten. Besonders schlagend tritt diese Tatsache bei der Vergleichung der vom hiesigen Hilfsverein für jüdische Studierende Unterstützten hervor. Während früher die Mediziner das überwiegende Kontingent lieferten und die Juristen nur vereinzelt waren, hat jetzt die Zahl der Letzteren die der Ersteren sogar *wesentlich* übertroffen". Leider fehlt uns eine Statistik über die Konfession der Studierenden. Es liegt hiernach völlig im natürlichen Laufe der Dinge, daß die jüdische Religions- und Volksgemeinschaft, welche sich im ganz überwiegenden Besitze des Geldkapitals befindet, der übrigen Bevölkerung an Wohlhabenheit weit voraus ist, die vorteilhaftesten und am wenigsten mühsamen Erwerbsquellen in seinen Händen monopolisiert hat und die höchsten Bildungsanstalten des Staates in relativ zunehmend überwiegender Zahl frequentiert –: es liegt, sagen wir, ganz im natürlichen Laufe der Dinge, daß unter solchen Voraussetzungen die Juden auch einen zunehmend bedeutenden Einfluß auf unser Staatsleben gewinnen. Dieser Einfluß macht sich hauptsächlich in vier Richtungen geltend:

einmal durch die Journalistik und Publizistik, welche die öffentliche Meinung "macht",

zweitens durch den Parlamentarismus, welcher die Gesetze macht,

drittens durch die direkte Beteiligung am Staatsdienste,

viertens durch die ebenso verborgenen als gewaltigen und meist unwiderstehlichen Hebel, welche die immer kolossaler anschwellenden Börsen-, Aktien- und Schuldenwirtschaft den jüdischen Oberleitern dieser großartigen Finanzmaschinerie gewährt.

Über jede dieser vier Richtungen wäre eine eigene Arbeit zu schreiben. Tatsache ist, daß auf diesen vier großen Heerstraßen in immer stärkeren Kolonnen zur umfassenden Eroberung der weiland christlichen Staaten durch das Judentum vorgeschritten wird.

Offenbar geht das Interesse unserer jüdischen Mitbürger dahin, unsern Staat seines spezifisch *christlichen* Charakters nach Möglichkeit zu entkleiden, da nur im völlig entchristlichten Staate die volle "Gleichberechtigung" der Juden nach allen Seiten hin ganz und wirklich durchgeführt werden kann und wird. Es ist daher selbstredend, daß die jüdische Publizistik an dieser Entchristlichung unseres Staates nach Kräften arbeitet. Auch der "Kulturkampf" wird natürlich in dieser Richtung möglichst ausgebeutet.

Zugleich liegt für unsere Mitbürger mosaischen Glaubens auch das allerhöchste Interesse vor, daß namentlich die *Geld- und Handelsgesetzgebung* des Staates so gestaltet sei, wie dies den Interessen der in diesen Erwerbszweigen vorwiegend vertretenen Israeliten am meisten entspricht. Die heutige Weltstellung der Juden beruht auf der Dominierung der modernen Kapitalbewegung in einem völlig unnatürlichen Maßstabe. Diese aller natürlichen *Entwicklung* widersprechende Dominierung der Kapitalbewegung ist heute auf die Dauer nur möglichst mittels einer Geldgesetzgebung, welche dem mobilen Groß-Kapital und dem Handel, namentlich dem *Groß-Handel*, sehr bedeutende Privilegien gewährt. Unsere Geld- und Handelsgesetzgebung statuiert aber tatsächlich ganz bedeutende *Privilegien* für das Groß-Kapital und den Groß-Handel, wie z. B. die Börsen-Privilegien, die Aktien-Privilegien, die Banknoten-Privilegien, die Wechsel-Privilegien und gewisse Steuer-Privilegien. Die Erhaltung und Wahrung dieser *Privilegien* durch alle Mittel des jüdischen Einflusses in der Publizistik, der Gesetzgebung usw. bildet selbstredend einen Hauptgesichtspunkt der jüdischen hohen Politik. Es dürfte nicht ohne

Zusammenhang hierzu sein, daß die parlamentarischen und publizistischen Führer unserer Geld- und Handelsgesetzgebung Juden sind.

X.

Es ist eine allgemeine Beobachtung, deren Begründetheit sich übrigens aus der Natur der Dinge ergibt, daß die wesentlichen Eigentümlichkeiten des jüdischen Stammes in der Regel weder durch den Wechsel der Religion plötzlich beseitigt werden, noch auch durch Blutsmischung leicht verloren gehen. Die Juden selbst zählen die Mitglieder getaufter Judenfamilien oft noch nach Generationen zu den ihrigen, wie z. B. *Berthold Auerbach* noch kürzlich bezüglich des englischen Premierministers Hrn. *Disraeli* (Lord Beaconsfield) getan hat, welcher bekanntlich von portugiesischen Juden abstammt. Der Frankfurter Philosoph *Schopenhauer* äußert sich u.a. über diesen Punkt wie folgt: "Ihre (der Juden) Religion, von Hause aus mit ihrem Staate verschmolzen und eins, ist dabei keineswegs die Hauptsache, vielmehr nur das Band, welches sie zusammenhält, der *piont de ralliement* und das Feldzeichen, woran sie sich erkennen. Dies zeigt sich auch daran, daß sogar der getaufte Jude, keineswegs, wie doch sonst alle Apostaten, den Haß und Abscheu der Übrigen auf sich ladet, vielmehr in der Regel nicht aufhört, Freund und Genosse derselben, mit Ausnahme der Orthodoxen, zu sein und sie als seine wahren Landsleute zu betrachten. Sogar kann bei dem regelmäßigen und feierlichen Gebete der Juden, zu welchem 10 vereint sein müssen, wenn einer mangelt, ein getaufter Jude eintreten, jedoch kein anderer Christ". (Parerga und Paralipomena.) Namentlich ist es eine gewisse Vorliebe für Geld- und Handelsgeschäfte, eine gewisse Auffassung von finanzpolitischen Fragen, eine eigentümliche Art der Behandlung von Geldsachen und eine besondere Auffassung in der Benutzung der Publizität, welche, meist noch Generationen hindurch, nach eingetretenem Religionswechsel sich erhalten und auch bei Blutsmischung in der Regel Generationen hindurch dominieren. Auch scheint ebenso, wie seitens der Juden, so auch seitens der zu anderen Religionen übergetretenen Stammesgenossen, die Empfindung der Stammesverwandtschaft eine gegenseitige Hinneigung in den meisten Fällen zu begründen, welche oft selbst da nicht ganz außer Wirkung tritt, wo, wie bei gemischter Abstammung zuweilen, lebhafte Antipathie gegen das Judentum hervortritt.

Von diesem Gesichtspunkte aus ist es eine Erscheinung von typischer Bedeutung, daß in den leitenden Stellen im europäischen Staats- und Völkerleben in jüngster Zeit die Zahl der Juden und der Männer jüdischer, sowie gemischt-jüdischer Abstammung in sehr starker Zunahme begriffen ist. Selbst unter den leitenden Staatsmännern in Deutschland (Preußen), Frankreich, Österreich, England befinden sich eine Reihe von Männern näherer oder fernerer, reiner oder gemischter jüdischer Abstammung. In den Parlamenten, in der Presse und in anderen öffentlichen

Stellungen, welche einen Religionswechsel zur Zeit schon nicht mehr bedingen, wächst in neuerer Zeit die Zahl der in leitenden Stellungen befindlichen Juden sehr rasch. Neuerdings steht denselben mit dem *Richterstande* ja auch die höhere *Verwaltungskarriere* offen, und die in den höheren und höchsten Verwaltungsstellen in Preußen bereits ziemlich zahlreich befindlichen getauften Juden dürften tatsächlich ein *Übergangsstadium* zu der anscheinend bevorstehenden Periode bilden, in welcher auch die ungetauften Juden einen rasch wachsenden Prozentsatz im höheren und höchsten Staatsdienst in Deutschland einnehmen werden. Im derzeitigen (1876) Preußischen Ministerium sind bereits drei Mitglieder von teils rein-, teils gemischt-jüdischer Abstammung. Vier preußische Unterstaatssekretäre, von welchen zwei inzwischen in andere Stellungen übergetreten sind, gehören in neuerer Zeit dem semitischen Stamme an usw. Die leitende Finanzkapazität im deutschen Reichstage, *Herr Dr. Ludwig Bamberger*, ist höchst charakteristischer Weise ein Jude. Die Reichs-Justiz-Organisation ist bekanntlich von Herrn *Lasker* gegen den Widerstand der Regierungen durchgesetzt und der kürzlich ernannte Chef des deutschen Reichsjustizamtes ist jüdischen Stammes. Auch der frühere Präsident des deutschen Reichstages war jüdischer Abstammung, so wie nicht minder der frühere Präsident des deutschen Handelstages ein Jude gewesen ist.

Die umfassende Tätigkeit unserer jüdischen Mitbürger im Fache der *Presse* und *Publizistik* bedarf dringend einer gediegenen Monographie. Wir müssen uns an dieser Stelle mit einigen Andeutungen begnügen. Die höchst verbreiteten bedeutenderen Witzblätter werden von Redakteuren semitischen Stammes geleitet und gehören Männern gleicher Abstammung. Die meisten leitenden politischen Blätter werden von Männern jüdischen Stammes teils redigiert, teils beeinflußt. Auf dem jüngsten deutschen Journalistentage in Dresden waren von 49 Zeitungsvertretern 29 Juden. Periodische Zeitschriften wie die "*Rundschau*", der "*Salon*", die "*Gegenwart*", welche bemüht sind, eine leitende Stellung einzunehmen, sind von Männern jüdischen Stammes gegründet und geleitet (Herr *Rodenberg* heißt z. B. eigentlich *Levi*). An der Spitze des deutschen Parnasses sucht zur Zeit tonangebend Oskar *Blumenthal* zu marschieren, welcher jüdischen Stammes ist usw. – Das Reporterwesen der Zeitungen ist sehr großen Teils in Händen von Juden und die hervorragendsten Korrespondenten der größten Blätter sind meist ebenfalls Juden. Die Journalistentribüne des deutschen Reichstages, des preußischen Landtages usw. finden sich größtenteils mit Juden besetzt usw.

Eine derartig dominierende Stellung des Judentums in der Presse ist an und für sich schon eine Tatsache von höchster Bedeutung. Dazu kommen noch die in der Natur der Verhältnisse liegenden notwendigen Beziehungen zwischen den *Finanzkreisen* und der Presse. Die finanziellen "Operationen", der, wie wir gesehen haben, meist jüdischen Bankhäuser, bedürfen beständig der Mitwirkung der Presse. Sei es, daß Anleihen untergebracht, oder Aktiengesellschaften gegründet, Kurse in die Höhe getrieben oder auch geworfen werden sollen; immer ist die Mitwirkung der Presse von erster Wichtigkeit, und es werden keine Mittel gescheut ("Beteiligungen", usw.) diese Mitwirkung zu sichern. Eine Anzahl von Blättern sind auch direkt in die Hände der Bankiers und Finanzkonsortien übergegangen. Ferner sind Aktiengesellschaften, Bankgeschäfte und Großkaufleute die einträglichsten *Inserenten*, und da diese drei einflußreichen Branchen sich meist in jüdischen Händen befinden, so haben wir auch hier wieder eine Anzahl kräftig wirkender Ursachen, welche eine starke Abhängigkeit unserer Presse von unsern jüdischen Mitbürgern bedingen.

Es wäre eine in mehr als einer Beziehung reizvolle und wichtige, wenn auch nicht ganz leichte Aufgabe, die Wirkungen dieses Einflusses nach verschiedenen Richtungen hin genauer darzustellen. Tatsache ist, daß die vorwaltend jüdischen Presseorgane selbst in den christlichen Kultusangelegenheiten ("Kulturkampf" usw.) eine leitende Stimme zu führen suchen. So ist das Organ des Inseratenfürsten, Herrn *Rudolph Mosse*, das *"Berliner Tageblatt"*, welches sich die verbreitetste deutsche Zeitung nennt und fast nur noch von Juden redigiert wird, sowie auch die Eigentümer (Cohn und Mosse) Juden sind, zur Zeit gewissermaßen der offiziöse "Moniteur" des preußischen Kultusministers. Daß die Juden mit allen Mitteln auf dem Gebiet der Schule Einfluß zu gewinnen suchen und auf *Entchristlichung der Schule* mittelst Einführung der *Simultanschule* hinarbeiten, versteht sich von selbst.

Ebenso sind auch auf andern Gebieten die Juden bemüht, die leitenden Stellungen für sich zu erhalten. Während die von unsern jüdischen Mitbürgern betriebene und begünstigte Finanzwirtschaft als die eigentliche Ursache des *"Sozialismus"* anzusehen ist, sind es anderseits gleichfalls wieder Juden, welche sich der Führung dieser sozialistischen Bewegung theoretisch und praktisch zu bemächtigen suchen. Karl *Marx*, der Begründer der "Internationale", ist jüdischen Stammes; Ferdinand *Lassalle* war Jude; Max *Hirsch*, welcher die deutsche Gewerkschaftsbewegung zu leiten sucht, ist Jude; Joseph *Mazzini*, der "große Agitator", war Jude; *Gambetta* ist ebenfalls Jude usw.

Auch auf dem *Theater* beginnt u. a. das jüdische Element eine zunehmend große Rolle zu spielen.

Kurz, auf den wichtigsten Gebieten des deutschen Staats- und Volkslebens finden wir einen stetig zunehmend großen Teil der leitenden Stellungen zur Zeit von Juden, resp. Individuen jüdischer Abkunft besetzt. In Bezug auf die Tatsache an sich dürfte ein Zweifel nicht möglich sein. Nimmt man die jüdische Präponderanz <Übergewicht [eines Staates]> in der Kapitalmacht und der Presse, welche ebenfalls unbestreitbar sein dürfte, hinzu, so wird man gestehen müssen, daß man zur Zeit bereits mit aller Berechtigung von *jüdischer Weltherrschaft* sprechen kann. Eine andere Frage ist die, ob dieses zunehmende Vorwalten jüdischer Macht und jüdischen Einflusses, zunächst in dem christlichen und germanischen Deutschland, der Gestaltung unserer Verhältnisse förderlich ist, oder ob nicht viel mehr in der skizzierten Entwicklung des jüdischen Einflusses auf unsere Angelegenheiten eine große Gefahr liegt. Wäre letzteres der Fall, so dürfte es allerdings die höchste Zeit sein, sich nach Mitteln umzusehen, welche geeignet sein könnten, solcher Gefahr zu begegnen.[1879!!!]

XI.

Was das Kapitel der Judenverfolgungen betrifft, so hat die moderne Geschichtsschreibung und Publizistik dieselben bekanntlich überwiegend als Ausbrüche eines finstern religiösen Fanatismus auf Seiten der nichtjüdischen und namentlich der christlichen Bevölkerungen angesehen und dargestellt. Man hat dabei meistens übersehen oder doch zu gering angeschlagen, daß der dem jüdischen Stamme innewohnende eigentümliche Handelsgeist, verbunden mit dem ihm eingeborenen Herrschaftsstreben, schon in den Tagen der Pharaone dahin führte, daß das Wuchergeschäft von den Juden in System gebracht, und die kommerziell-finanzielle Ausbeutung der von ihnen heimgesuchten Bevölkerungen unter Anwendung frauduloser <betrügerisch> Verfahrensweisen bis zur Unduldbarkeit gesteigert wurde. Dieser finanzielle Monopolgeist und diese Erwerbssucht der Juden, welche dem Nichtjuden gegenüber jedes Mittel für gestattet halten, haben schon 1800 Jahre vor Christi Geburt eine Rolle in der ägyptischen Geschichte gespielt. Die Relation, welche der römische Historiker *Tacitus* über den Auszug der Kinder Israel aus Ägypten und über die Ursachen dieses Auszuges gibt, ergänzt in diesem Punkte wesentlich die Darstellung im Pentateuch. Wäre die berühmte alexandrinische Bibliothek nicht in wiederholten Katastrophen so vollständig zu Grunde gegangen, so würden wir auch über diese Verhältnisse ausführlicher wie jetzt unterrichtet sein.

Man traut seinen Augen kaum, wenn man liest, was der bekannte Ägyptologe *Dr. Reinisch* aus den ägyptischen Hieroglyphen entziffert und in Wien in einem Vortrage zur Zeit des Ofenheim-Prozesses mitgeteilt hat. Man glaubt fast eine Schilderung aus der Zeit des jüngsten großen Schwindels von 1870 - 1873 zu lesen.

"Im alten Pharaonenland, berichtet *Dr. Reinisch*, ging gegen das 19. Jahrhundert v. Chr. die echte Kulturblüte Ägyptens bald in eine Zeit der Korruption, des Sittenverfalles und der zügellosen Ausschweifung über. Den ersten Anstoß hierzu gaben die zahlreichen – *semitischen, phönizischen,* **jüdischen** und *arabischen* – Kaufleute, die sich in Ägypten niederließen und das Rechtsbewußtsein und die strenge Ordnung des ägyptischen Volkes durch ihre Geschäftsusancen <Gepflogenheit im Geschäftsverkehr> und durch ihre Sucht nach Gewinn erschütterten. Es trat eine Verderbnis der Sitten ein, (welche der Schreiber des Leydener Papyrus ausführlich schildert.) Zuerst trat die Demoralisierung der Diener und Sklaven, dann eine schamlose Maitressenwirtschaft ein, indem die Großen sich syrische und äthiopische Sklavinnen kauften, dieselben mit Reichtümern überhäuften und ihre eigenen Frauen vernachlässigten, ja darben ließen. Der entfesselte Trieb nach Erwerbung von Reichtümern, die schrankenlose Genußsucht führten einen vollkommenen Umsturz der gesellschaftlichen Verhältnisse herbei. Alte angesehene Familien gingen zu Grunde und verarmten, während an ihre Stelle ein unverschämtes Parvenütum <Neureicher> trat. Leute, die kurz vorher nichts besessen hatten, gelangten in den Besitz von Reichtümern, Palästen, Gärten, Sklaven und Schätzen, drängten sich in alle Kreise der Gesellschaft und gewannen sogar Zutritt bei Hofe. Wer den unwiderstehlichen Drang zum Stehlen in sich fühlte, aber es doch anständig ausüben wollte, der brauchte nur zur Steuerbehörde zu gehen, seinen Erwerbsschein als

Dieb zu lösen und sich als Mitglied in die Zunft der Diebe aufnehmen zu lassen. Diese hatte ihren Obmann, bei dem alles in ganz Ägypten gestohlene Gut deponiert werden mußte, und wer wieder in den Besitz seines Eigentums gelangen wollte, der brauchte nur beim Obmann der Diebe sich zu melden, worauf er das ihm Gestohlene nach Abzug eines Beuteanteils oder - um Wienerisch zu sprechen - eines "Trinkgeldes", einer "Provision" für den Dieb zurückerhielt. Ja, König Rampsinit selbst gab die Hand seiner Lieblingstochter dem größten Gauner seines Landes, der die Richter und die Polizei, die öffentliche wie die geheime, an der Nase herumgeführt hatte, und obwohl es in Ägypten noch keine Geschworenen gab, der Verurteilung entgangen und für den gescheidesten Mann im Lande erklärt worden war. So weit war es in Ägypten gekommen, das früher durch Fleiß und Arbeitsamkeit zur höchsten Blüte gelangt war."

Wir haben also in dem Auszuge der Kinder Israel aus Ägypten vielleicht den ersten Fall von "*Judenverfolgung*" vor uns, dessen Ursachen nach dem Mitgeteilten, so wie nach den Schilderungen des *Tacitus* und *Josephus* ungefähr gewesen sein dürften, wie später bis in die Gegenwart.

XII.

Wenn wir die äußersten Enden der Geschichte mit einander verknüpfen wollen, indem wir von der Zeit des 19. usw. Jahrhunderts *vor* Christo in die Zeit des 19. Jahrhunderts *nach* Christo und zwar in die *allerjüngste* Vergangenheit übergehen, so können wir der ersten großen "Judenverfolgung" alsbald eine Schilderung der zur Zeit letzten bedeutenderen Ereignisse dieser Art anreihen: wir meinen die *neuesten Judenverfolgungen in Rumänien*. Wenn man sich erinnert, was die Blätter im allgemeinen über diese Angelegenheit gebracht haben, so wird man einigermaßen überrascht sein zu lesen, was sich die "*Kölnische Zeitung*", welche doch bekanntlich nichts weniger als judenfeindlich ist, im Sommer 1877 von ihrem Spezial-Korrespondenten aus *Rumänien* über den Fall schreiben läßt. Nach der fortschrittlichen "Voss. Ztg." lautet dieser Bericht wie folgt:

> "Die neuesten *Judenverfolgungen in Rumänien* sollen, wie der "Köln. Ztg." beschrieben wird, keinen religiösen Charakter haben, sondern aus der Feindschaft zwischen reichen und ärmeren Klassen hervorgegangen sein. Der Korrespondent der "Köln. Ztg." schreibt nämlich aus *Jassy*, 12. Juni: *Darabani* und die anderen kleinen Städte des Bezirks Dorohoi, des nördlichsten Teiles der Moldau, sind fast nur von Juden bewohnt; die Christen in den Städten befinden sich in einer ganz verschwindenden Minderzahl, was z. B. rechtschlagend durch die Tatsache bezeichnet wird, daß sich in Darabani 11 Synagogen und nur eine christliche Kirche befindet. Auf dem Lande ändert sich dies Verhältnis, obgleich auch dort noch sehr viel Juden zu finden sind. *Die Juden besitzen überall eine vortreffliche Organisation, die von ihren*

Komitees geleitet wird. Jeder Jude muß sich eine gewisse Steuer jährlich auferlegen lassen und aus dieser wird ein Fond aufgesammelt, der nach den Behauptungen ihrer Gegner hauptsächlich zu Bestechungen verwandt wird. Ich kenne die Verhältnisse nicht genügend, um die Wahrheit dieser Angabe vertreten zu können, mache Sie aber darauf aufmerksam, daß jeder mit hiesigen Verhältnissen Vertraute Ihnen sagen wird, daß auch bei der gerechtesten Sache sogenannte kleine Ausgaben unumgänglich nötig, und daß Bestechung hier gang und gebe ist. Jedenfalls übt die Judenschaft auf die unteren Behörden einen großen Einfluß aus, der dadurch noch verstärkt werden soll, daß sie auch nach oben hin ihre Verbindungen und somit die Macht hat, widerspenstigen Unterbeamten ihre Stellung unmöglich zu machen. Den Juden kann man es nicht verdenken, wenn sie bei ihrer exzeptionellen Lage in Rumänien auch exueptionelle Mittel anwenden (!) Was soll man aber zu einem Staate sagen, in dem die Anwendung derselben möglich ist? – Besitzer der Stadt Darabani und der ganzen Umgegend ist eine der größten Bojaren Rumäniens Graf *Cimara*, ein geborener Grieche, der diese Besitzungen durch seine Frau geerbt hat. Da er die Verwaltung selbst übernommen und sich von den Juden, die sonst als Vermittler in allen Geschäften hier unentbehrlich sind, emanzipiert hatte, zog er sich den Haß der Juden zu, und vor zwei Jahren machte ihm ein Jude, der mit seinen Glaubensgenossen in schlechtem Einvernehmen lebte, die Anzeige, daß man gesucht habe, seinen, des Denunzianten, Sohn für 300 Dukaten zur Ermordung des Gutsherrn zu dingen. Graf Cimara trug diese Sache persönlich dem Fürsten vor, der die sofortige Vornahme einer strengen Untersuchung befahl. Bis heute ist nichts in dieser Sache geschehen. Nur jener Greis, der die Denunziation gemacht, wurde bald darauf bei einem Streit, den seine Söhne mit anderen Juden hatten, verhaftet und in harter Gefangenschaft ohne Angabe des Grundes gehalten, bis er nach einigen Tagen starb. Dem Unterpräfekten, der jene Verhaftung angeordnet hatte, ist nichts geschehen, trotz mehrfacher Klage. Sein Name ist Licin. Die Geschichte klingt abenteuerlich; aber weiter. Im diesjährigen Winter wurde auf den ehemaligen Präfekten von Jassy, als dieser bei Cimara zu Besuch war und mit dessen Wagen nach Hause fuhr, geschossen, und zwar weil man ihn für Cimara hielt. Dem vollkommen bekannten Täter war nicht beizukommen; die Untersuchung wird noch jetzt hingeschleppt. Inzwischen hat man ihn zum Chef der Garnison von Darabani gemacht, welchen Posten er noch heute bekleidet. Auch nach dieser Zeit fanden mehrfache Reibungen statt und hatten die Absendung eines Spezialdelegierten, des General-Prokurators Opreanu, zur Folge, welcher in einem seiner Zeit durch die Zeitungen veröffentlichten Berichte auf die in dieser Angelegenheit so überaus eigentümliche Haltung der Behörden hinwies. Trotzdem sind die Letzteren nach wie vor in ihren Ämtern. Was nun die letzten Vorgänge in Darabani betrifft, so hatte dort vier Mal die

Wahl des Bürgermeisters stattgefunden, die aber jedes Mal von der Oberbehörde in Dorohoi kassiert wurde, *weil die Person des Gewählten den Juden in Darabani* nicht genehm war. Nach der vierten Wahl fand in Darabani ein Jahrmarkt statt, zu welchem viel Landvolk in die Stadt strömte. Bei dieser Gelegenheit entwickelte sich ein Streit zwischen den Juden und den Bauern, welch' letzte wegen der Wahl des Bürgermeisters mit Entziehung von Kredit usw. bedroht wurden. Hierfür kam es zu Tätlichkeiten und schließlich wurde die Schlägerei eine allgemeine. Die Bauern haben sich dabei zu bedauerlichen Ausschreitungen hinreißen lassen und mehrere Gewölbe der Juden arg beschädigt. Indessen sind die Berichte, welche ich bisher darüber gelesen habe, sehr übertrieben. Zunächst ist es nicht wahr, daß ein Mensch getötet worden ist, und die Zahl der Verwundeten beschränkt sich auf zwei. Was dann die Diebstähle anbetrifft, so soll das Leerstehen der Verkaufsgewölbe zum größten Teile daher rühren, daß die Juden bei Ausbruch der Unruhen ihre Vorräte in Sicherheit gebracht und von dort noch nicht hervorgeholt haben. Daß bei diesem beklagenswerten und ungerechtfertigten Exzeß auch viele Sachen gestohlen sind, mag wohl möglich sein. Eines aber muß ich hier bemerken: Die ganze Sache ist nicht vorher geplant gewesen und war lediglich das unüberlegte Werk einer entfesselten Menge, es war eine Mißhandlung der Juden, aber nicht das, was man eine Judenverfolgung nennt. Das kann man schon daraus ersehen, daß die eigentlichen Ausschreitungen nicht lang dauerten. Daß der Vorfall der rumänischen Regierung im höchsten Grade unangenehm sein mußte, ist jedem klar, der die Macht des Judentums kennt und weiß, daß von allen Enden Proteste gegen diese Art von Gesetzlosigkeit einlaufen werden. Es handelt sich nun für die Regierung darum, wie man sich möglichst aus der Schlinge ziehen sollte. Für ihre Untertanen mußte sie die volle Verantwortlichkeit übernehmen, also handelte es sich darum, einen Fremden zu finden, dem man sie aufbürden konnte. Das war in diesem Falle nicht schwer. Da war der Besitzer Cimara, ein Grieche, der in seinem Haushalte eine große Anzahl griechischer Diener hatte, sie er sich aus seiner Heimat mitgebracht. Diese waren hierzu um so mehr geeignet, als sie mit ihrem Herrn den Juden schon lange verhaßt waren und diese die Gelegenheit mitnahmen, die Diener als Täter, Cimara selbst als Anstifter zu bezeichnen. Dem steht entgegen, daß Graf Cimara seit länger als einem Monat von Darabani abwesend ist und daß seine Gemahlin, als sie vom Tumulte hörte, dorthin fuhr nur in Begleitung von drei Dienern und allerdings vergeblich den Tumult zu beschwichtigen suchte. Doch das macht hier zu Lande nichts aus. Das Haus der Gräfin wird jetzt, nachdem Ruhe eingetreten, auf das strengste bewacht und ihr jeder Verkehr mit der Außenwelt untersagt. Die Griechen sind zum größten Teil gefangen und festgesetzt, während man den Bauern gar nichts tut. Ich bin neugierig, wie sich die Regierung den schon eingereichten Beschwerden des griechischen Konsuls,

Herrn Rhangabe, gegenüber stellen wird. Jedenfalls ist es bezeichnend, daß man nicht einen Bauern verhaftet, da man doch annehmen kann, daß Cimara's Griechen allein solche Ungeheuerlichkeiten ausführen können; indessen wir leben in Rumänien, und wer weiß, was man dort alles noch als wahr beweisen wird."

So weit der Bericht der "Kölnischen Zeitung" – Man erinnert sich, daß die Juden schon 1868 mit den Rumänen in Konflikt geraten waren, und welche weltumfassenden Maßnahmen erstere zum Schutze ihrer dortigen Stammes- und Glaubensgenossen in Bewegung zu setzen wußten. Selbst der damalige Präsident der *Vereinigten Staaten von Nordamerika*, welcher übrigens ihren finanziellen Auffassungen sehr nahe zu stehen scheint, wurde in Anspruch genommen, und es wurde die Wahl des Herrn *Peixotto*, eines amerikanischen Juden, zum Generalkonsul der Vereinigten Staaten durchgesetzt. *Strousberg* hatte bekanntlich die wirtschaftlich-finanzielle Eroberung des Landes mittelst der von ihm gegründeten Eisenbahnen von einem andern Punkte aus in Angriff genommen.

"Als die Juden" – schreibt Major Osman Bey7) – "mit den Rumänen in Zwist gerieten (1868), fanden die Rumänen mit großer Mühe nur 2 oder 3 Journale, die der öffentlichen Meinung gegenüber die Verteidigung ihrer Sache übernehmen wollten. Unverzüglich aber setzten die Juden gegen sie eine so niederschmetternde Menge Journale in Bewegung, daß die unglücklichen Rumänen sich von der ganzen Welt als Fanatiker und Barbaren geächtet sahen." Und in einer Schrift des Professor *Desjardins* (Archives isr. 1868 p. 197) heißt es: "Für den Unparteiischen, der meine Broschüre aufmerksam liest, wird der Beweis geliefert sein, daß in Rumänien erst seit einer kurzen Zahl von Jahren über 400 000 Juden (1828 waren 25 000, 1844 schon 55 000, 1854 aber 160 000, 1868 nach *Cremieux* 400 000, nach D. mehr und nach dem rumänischen Kammergericht über 500 000 Juden dort) sich etablierten, *die größtenteils nach Geburt, Neigung, Sitten, Geist und Sprache dem Lande fremd bleiben wollen; die aufs Äußerste und mit allen Mitteln das Land ausbeuten; die alle Gesetze des Landes zu umgehen und allen Pflichten, welche dieselben den Bürgern auferlegen, sich zu entziehen suchen usw.* Kein religiöses Motiv hat irgend Teil an den Maßregeln der Regierung."

Hören wir zum Schluß noch den Bericht der rumänischen Kammern über das Gebahren der Juden in Rumänien: "Die Invasion der Juden, sagt dieser Bericht, hat in den letzten Jahren so gewaltige Verhältnisse angenommen, daß die Bevölkerung des Landes darüber entsetzt ist. Diese Bevölkerung sieht sich überflutet von einer feindselig gesinnten Sonderrasse, die den Eingeborenen fremd und ihren Interessen entgegen ist. Diese stille Eroberung unseres Landes hat in der Ökonomie des Staates große, täglich wachsende Mißstände hervorgerufen und diese Eindringlinge zählen nun über 500 000. Ihre Geburt, ihre Moral sondern sie von den Rumänen. Man hat sie ein Monopol gründen lassen, das den Handel und die kleine Industrie gänzlich zerstörte. Die Kapitalien, welche sonst in rumänischen Händen Frucht trugen, sind der Nation entzogen. *Ohne die geringste Zurückhaltung ergeben sich die Juden dem Wucher, so daß sie Tausende von reichen Familien ausgeraubt und in's*

Elend gestürzt haben. Der Wucher und die Monopolisierung der Kapitalien haben die Geldkrise herbeigeführt, welche seit so vielen Jahren das Land drückt. Selbst das Elend des Volkes wird durch zahllose Mittel von der unersättlichen Habsucht der Juden ausgenutzt; denn die Not ist einträglich für jene, welche die Grausamkeit besitzen, sie auszubeuten. Der Jude hat das Geld monopolisiert, er hat Speise und Trank monopolisiert, das hat schreckliche Folgen zur Zeit der allgemeinen Not gehabt."

Was wir vorstehend über die beiden, der Zeit nach am weitesten auseinanderliegenden "Judenverfolgungen" mitteilten, wird genügen, um die Annahme zu begründen, daß die vulgäre Auffassung bezüglich dieses Kapitels einer Revision bedürftig erscheint. Vielleicht erwirbt sich ein gelehrter *christlicher* Forscher das Verdienst, uns mit einer gründlichen Monographie über das Kapitel der Judenverfolgungen zu bedenken. So viel wir wissen, fehlt eine solche bis jetzt, welche *alle* in Betracht kommenden Gesichtspunkte richtig behandelt.

XIII.

Wir haben *in summa* in unsern jüdischen Mitbürgern nicht nur mit einer fremden Religionsgemeinschaft, sondern auch mit einer fremden Nationalität zu tun. Wenn unsere Juden sich nicht gerne als Juden bezeichnen hören, sondern sich selber viel lieber "*Israeliten*" nennen, so dürfte dies wesentlich seinen Grund darin haben, daß das Wort "Jude" im deutschen Sprachbewußtsein die ganze zum christlich-germanischen Wesen wenig harmonierende Eigentümlichkeit des Judentums zusammenfaßt, während das Wort "*Israelit*" neueren Ursprungs ist und im Sprachbewußtsein der deutschen Nation mehr mit der alleinigen Bedeutung einer andern Religionsgemeinschaft verknüpft ist. Indem die *Juden* sich gerne als "*Israeliten*" bezeichnen, wollen sie sich als ein, mit Ausnahme der Religion, der übrigen Bevölkerung gleichartiges Element charakterisieren.

Wird nun das Staatswesen in Deutschland als ein in seiner Wesenheit *christlich-germanisches* aufgefaßt und fortgebildet, wie dies nicht nur der mittelalterliche sondern auch der moderne deutsche Staat bis in die vierziger Jahre dieses Jahrhunderts hinein getan hat, so versteht es sich im Grunde von selbst, daß an der Verwaltung und Gesetzgebung, an den Auf- und Fortbau dieses christlich-germanischen Staatswesens die Juden noch weniger zur Mitarbeit zugelassen sind, als die Mitglieder irgend einer andern uns fremden Nationalität.8)

Im wirklich christlichen und germanischen Staate ist für "gleichberechtigte" Juden kein Platz. Ganz konsequent geht daher das Streben des Judentums dahin, unsern Staat nach Kräften zu *entchristlichen* und das Gefüge seines nationalen Aufbaues möglichst zu *zersetzen*. Die gesamte Tätigkeit der Juden im Geschäftsleben, in der Publizistik, in der Verwaltung und Gesetzgebung der deutschen Staaten bewegt sich mit bewunderungswerten Übereinstimmung und Konsequenz in diesen beiden Richtungen.

Die Tätigkeit unserer jüdischen Mitbürger im Geschäftsleben haben wir schon in einigen hervorragend wichtigen Punkten charakterisiert. Grundsätzliche Abneigung gegen schwere körperliche Arbeit bei grundsätzlicher Hinneigung zu den am meisten Gewinn versprechenden Geschäftszweigen sind ihnen eigen. Das Bankiergeschäft und der Großhandel werden in Deutschland bereits völlig von ihnen beherrscht. Die Gebiete des "Wuchers", der Agiotage, des Börsenwesens und des Aktienschwindels werden als ihre eigentliche Domäne von ihnen kultiviert und ungeheure Schätze werden von ihnen durch geschickte Ausnutzung aller gesetzlich nicht verbotenen Möglichkeiten auf diesem Gebieten eingebracht. Die gesamte Kapitalbewegung der modernen Nationen wird hier dem Judentum tributpflichtig gemacht und das große Geldkapital wird in immer überwiegenderen Massen in die jüdischen Kassen geleitet.

Von diesem Punkte der *jüdischen Kapitalherrschaft* aus verzweigt sich dann ein gleichmäßiges Interesse für die *Publizistik* und die *Gesetzgebung*. Namentlich geht das Hauptinteresse dahin, der *Geld- und Handelsgesetzgebung* solche Einrichtungen zu geben, welche die Geldsammlung in jüdischen Händen möglichst begünstigen. Es ist höchst charakteristisch in dieser Beziehung, daß die Geld- und Handelsgesetzgebungen der modernen Staaten allein noch *Privilegien* statuieren, während doch *Privilegien* in den modernen Staatsordnungen grundsätzlich ausgeschlossen sind. Die *Banknoten-Privilegien, die Aktien-Privilegien, die Börsen-Privilegien und die Wechsel-Privilegien* sind somit in der Hauptsache *Juden-Privilegien*.

Das Verhalten der Juden gegenüber diesen Zweigen der Gesetzgebung ist ein höchst charakteristisches und beachtenswertes. Die Erhaltung der erwähnten Privilegien steht ihnen natürlich in erster Linie, Zu diesem Zwecke wird in der Presse ein ungeheurer Einfluß aufgeboten. Die an der Börse und im Bankgeschäft gewonnenen Mittel finden leicht den Weg zur Beeinflussung der Presse, zumal das Börsen- und Aktienwesen beständig auf ein intimes Einverständnis mit der Presse angewiesen ist.

"Die ganze Richtung ihres (der Juden) Wirkens – sagt Pastor de le Roi (s. a. S. 108), – geht auf dem Gebiete der Textliteratur dahin, das bisherige Volksleben in neue Bahnen zu lenken, ihm eine neue geistige Nahrung darzubieten, ein neues Denken in dasselbe einzuführen und vornehmlich die bisher geltenden, mit dem Christentum eng verbundenen Grundanschauungen durch andere zu ersetzen." ...
"Eine bedeutende jüdische Stimme läßt sich selbst in folgender Weise über diesen Gegenstand vernehmen: "" die moderne Welt muß den Sieg erringen, weil sie unvergleichlich bessere Waffen führt, als die alte orthodoxe Welt. *Die Geldmacht ist eine Weltmacht geworden, ohne die man sich auf keinem Gebiete halten kann*, und diese Macht geht euch Orthodoxen fast gänzlich ab. Eure Gelehrten schreiben zwar schön, geistvoll, aber doch nur für ihres Gleichen, während die Popularität das

Schiboleth <Erkennungszeichen, Losungswort> unserer Zeit ist. Die moderne Journalistik und Romantik hat die freigesinnte Juden- und Christenwelt vollständig erobert. Ich sage die freigesinnte Judenwelt - denn in der Tat arbeitet jetzt das deutsche Judentum so kräftig, so riesig, so unermüdet an der neuen Kultur und Wissenschaft, *daß der größte Teil des Christentums bewußt oder unbewußt von dem Geist des modernen Judentums geleitet wird. Gibt es doch heut zu Tage fast keine Zeitschrift oder Lektüre, die nicht von Juden direkt oder indirekt geleitet wäre.*""(!)

XIV.

So dieses jüdische Urteil. Die Zeit des Paktierens und der Defensive ist vorüber; was früher als weise Vorsicht war, würde jetzt unverzeihliche Schwäche sein. Und man täusche sich nicht, die Sache ist sehr ernst gemeint; denn es gibt kein Gebiet unseres bisherigen Lebens, in dem die Juden nicht fortan als Angreifer auftreten wollten. Am allerwenigsten gedenken sie sich in religiösen Beziehungen auf die Verteidigung zu beschränken, oder hier doch die Andern nach ihrem Belieben tun und wirken zu lassen; sie wollen nicht eher ruhn, als bis auch das Letzte errungen ist, und in ihrem ganzen Lager erschallt das Signal: "*zum Angriff*".

"So beschleunigen nun die Juden unter uns den Prozeß, welcher die Auflösung des Früheren herbeiführen soll. Derselbe soll auch, nachdem sie einmal Hand angelegt haben, nicht mehr zum Stillstand kommen; sie würden sonst in Gefahr geraten, die bereits gewonnenen Positionen wieder zu verlieren; und eben deshalb treiben sie unaufhaltsam vorwärts zu den weiteren Konsequenzen." Höchst charakteristisch ist auch in dieser Beziehung das Verhalten der jüdischen Führer und Mitglieder des deutschen Reichstages. Wo die Gefahr eines Stillstandes der Gesetzgebungsmaschinerie eintritt, da treibt Herr *Lasker* zu immer neuen Anstrengungen vorwärts und welche "Segnungen" neuerer Gesetzgebung der deutschen Nation etwa durch jüdischen Einfluß *hinter den Kulissen* beschert worden sind, läßt sich zwar nicht mit Bestimmtheit nachweisen, immerhin jedoch mit großer Wahrscheinlichkeit vermuten.9)

Es sind keine leichtwiegenden Fragen, welche uns hier durch die halsstarrigen Ziffern und Tatsachen vorgesetzt werden. *Facts are stubborne things*, sagt ein englisches Sprichwort. Daß die amtlichen Ziffern, welche wir mitteilen, großenteils nicht über das Jahr 1861 hinausreichen, hat seine Grund darin, daß mit der Judenemanzipationsbewegung zugleich das Bestreben Hand in Hand ging, auch alle Statistik zu beseitigen, welche sich voraussichtlich mit der Emanzipationsströmung in Widerspruch befinden würde. Als in Preußen mit dem Grafen *Schwerin* das Ministerium der "neuen Ära" ans Ruder kam, bestand eine der ersten Amtshandlungen des Ministers Schwerin darin, die bis dahin in Preußen geführten sogenannten *Judenlisten* abzuschaffen, welche den genauen Einblick in die gewerblichen usw. Entwicklungsverhältnisse des Judentums gewährt hatten. Während der Gründerzeit ist in Preußen sogar in den *Steckbriefen die Angabe der Religion* beseitigt worden. Beides halten wir für entschieden unrichtig. Schon des völker-psychologischen Interesses halber, wie nicht minder aus Gründen der Staatswissenschaft, halten wir die *Wiederaufnahme der Judenstatistik* für unerläßlich.

Im Ganzen scheint es, als ob die "liberale" Emanzipationsbewegung einem durchaus falschen Zuge gefolgt sei. Vor allem halten wir es für entschieden unrichtig und in sich selbst widerspruchsvoll, Juden an deutsch-christlicher Gesetzgebungsarbeit nicht nur Teil nehmen zu lassen, sondern sich dabei auch überwiegend jüdischer Führung zu überlassen. *Deutsch-national* und *christlich* können Gesetze, welche unter hervorragend jüdischer Führung zu Stande kommen, natürlich nicht werden. Auch kann eine *Presse*, welche notorisch überwiegend jüdischen Einflüssen unterliegt, wie uns scheinen will, nicht eine Pflanz- und Pflegestätte christlich-deutscher Gesinnung sein. – Ferner scheint uns sicher, wie auch der *Fürst Bismarck* seiner Zeit als Abgeordneter zum preußischen Landtage anerkannt hat, daß *Juden* nicht fügliche *Beamte und Lehrer* im deutschen Staate sein dürften. Endlich erscheint es uns als eine Anomalie der schwerwiegendsten Art, wenn, wie wir nachgewiesen, ein fremder Stamm in unserer Mitte den Großhandel und das Bankgeschäft in seinen Händen monopolisiert und alle Kapitalien unwiderstehlich an sich reißt.

Die Vermengung so verschiedener Bevölkerungs-Elemente, wie Deutsche und Juden es sind, hat bis jetzt, unseres Wissens, noch nirgendwo zu günstigen Resultaten geführt.

XV.

Bei Erörterung der Judenfrage ist bis jetzt fast durchgehends der Fehler begangen worden, die Juden zu unterschätzen. Sie haben nicht nur gute Eigenschaften, in welchen sie uns durchschnittlich überlegen sind, sondern auch ihre minder lobenswerten Seiten tragen in eigentümlicher Weise dazu bei, diese Überlegenheit zu erhöhen, indem sie auf unsere Charakterschwächen in ebenso geschickter als rücksichtsloser Weise spekulieren. Wir würden z. B. erst dann Aussicht haben, uns namentlich der unbestreitbaren Überlegenheit der Juden in *Geldsachen* zu entziehen, wenn wir *primo loco* in der *großen Geldpolitik* ungleich *christlicher* als bisher werden wollten.

Die heutige Judenfrage ist zugleich im eminentesten Sinne des Wortes eine Geldfrage, und da das Geld als das eigentliche Blut unseres sozialen Wirtschaftskörpers angesehen werden muß, so steht die *Judenfrage* auch in ungleich viel näherer Beziehung zu der sogenannten *sozialen Frage,* als die meisten Leute sich heute noch träumen lassen.

Daß die Juden die Regenten der heutigen Geldbewegung und zugleich die eigentlichen Urheber der heutigen Geldgesetzgebung sind, ist früher schon gezeigt worden. Blutverderbnis und Blutvergiftung gehören zu den schlimmsten Krankheiten in jedem Organismus. Falsche Geldgesetzgebung fälscht aber das Blut des sozialen

Wirtschaftsorganismus. Der heutige "Sozialismus" rührt zum größten Teile von solcher sozialen Blutvergiftung her. Eine solche Krankheitsursache ist nicht so leicht zu konstatieren, deshalb tappen auch so viele Leute über die Ursachen des Sozialismus und seine Heilung im Dunkeln.

Das Herz des sozialen Blutumlaufes, d.h. der Großkapitalbewegung, ist heute unbedingt die Börse. Wir haben früher gezeigt, zu welch' kolossalen, alle anderen Großkapitalumsätze weit hinter sich lassenden Summen die Börsenumsätze in neuerer Zeit sich gesteigert haben.

Zwischen der *Börse*, als Krönung des wirtschafts-politischen Gebäudes, in welchem die Gegenwart wohnt, und der immer mehr zunehmenden *sozialistischen Stimmung unserer arbeitenden Bevölkerung*, welche gewissermaßen die Basis unseres sozialwirtschaftlichen Hauses bildet, besteht ein so genauer Zusammenhang, wie zwischen Ursache und Wirkung.

Die *Börse*, als Repräsentantin und Spitze unseres heutigen Finanz- und Wirtschaftssystems aufgefaßt, muß sogar als die große direkte und indirekte Hauptursache des "*Sozialismus*" bezeichnet werden. Die Börse zusammen mit den von den Bankinstituten regierten allgemeinen Verschuldungssystem, der Aktienschwindel mit der daran klebenden Agiotage, der Wechsel als Hauptinstrument der vom Volke sogenannten "Halsabschneiderei" – alle diese Einrichtungen zusammen bilden einen finanziellen Mechanismus, mittelst dessen die große Menge der arbeitenden Bevölkerung fort und fort im großartigsten Maßstabe, wie durch ein mächtiges mit Dampf betriebenes Pumpwerk ausgesogen und ausgebeutet wird.

Es ist nun bereits mit Ziffern und Tatsachen genügend dargetan, daß die Hauptinhaber und Regisseure des großen finanziellen Pumpwerkes Juden sind. Sie besitzen und leiten notorisch die meisten großen Bankgeschäfte, sie regieren die Börse, an welcher sie auch der Zahl nach überwiegen, sie sind die Hauptregisseure des *Aktien- und Agiotageschwindels*, sie sind es, welche den Wechsel mit der raffiniertesten Virtuosität handhaben, sei es, um sich mittelst der jüdischen Banknotenprivilegien "billiges Geld zu machen", oder um denselben als Halsabschneideapparat im größten Umfang in Tätigkeit zu setzen.

Der sogenannte "*Sozialismus*" von heute besteht nun aber in der Hauptsache ganz einfach darin, daß die Hunderte von Millionen Geldes, welche mittelst des beschriebenen finanziellen Pumpwerkes jährlich aus der Masse der arbeitenden Bevölkerung herausgepumpt werden, an die unrechte Stelle geraten, nämlich in die Kassen der meist jüdischen Bank- und Finanz-Potenten und ihrer Genossen. Diese Hunderte von Millionen jährlich fehlen da, wo sie sein sollten, nämlich in den Taschen der arbeitenden Bevölkerung, und sie sind zum großen Schaden dort, wo sie das gedachte finanzielle Dampf-Pumpwerk hinschafft, nämlich in den Kassen der jüdischen Bankiers, Großhändler und Konsorten. Das ist im wesentlichen die heutige "*soziale Frage*". – Es gibt ja natürlich auch noch andere Ursachen des "Sozialismus", aber die soeben skizzierte ist die größte.

Das gewaltige finanzielle Dampfpumpwerk, mittelst dessen der Sozialismus jahraus jahrein systematisch fabriziert wird, ist zugleich die große Bereicherungs- und Ausbeutungsmaschinerie, mittelst deren unsere Mitbürger semitischen Stammes und jüdischer Nationalität sich überwiegenden Reichtum auf Kosten jener verblendeten Nationen sichern, welche sich der jüdischen Ausbeutung und Führung überlassen. Wer den Hebel jenes finanziellen Pumpwerkes heute sicher in den Händen hält, der regiert die Welt. Es ist also kein Zweifel, daß die Juden jetzt schon die Welt regieren und daß sie zugleich alles aufbieten, daß man ihnen die Hebel jener finanziellen Pumpmaschinerie nicht wieder entwinde oder entreiße. Der jüdische Einfluß in der Presse, in den parlamentarischen Körperschaften, in den Verwaltungen usw. leitet daher das Außerordentliche, um Klarheit über die beschriebene Ausbeutungsmaschinerie und ihre Wirkungen nicht aufkommen zulassen. Vor allen Dingen sucht der jüdische Einfluß auch zu verhindern, daß der Sozialismus als einfache Wirkung des vornehmlich von den Juden betriebenen finanziellen, kommerziellen und industriellen Ausbeutungsschwindels erkannt werde. Es mag darin eine der Hauptursachen liegen, weshalb über diese sogenannte "soziale Frage" so namenlos viel Unsinn produziert wird.

XVI.

Gegenüber dem entwickelten Stande der Dinge ist es ganz außerordentlich charakteristisch, daß die Juden, welche doch den Sozialismus mit ihrer finanziellen Schwindelmaschinerie rechteigentlich von oben herunter machen, sich zugleich der so erzeugten Bewegung von anderer Seite her zu bemächtigen suchen, offenbar um sie so zu leiten, daß dieselbe ihre Urheber nicht treffe und schädige.

Nachdem es einmal durch den Einfluß der Juden in Publizistik und Parlamentskunst erreicht ist, der Mehrzahl selbst der gebildeten Landesbewohner den intimen Zusammenhang des Sozialismus mit dem hauptsächlich jüdischen Finanzschwindel fast völlig zu verdecken, wird es danach um so leichter, die unklare Reaktion der Massen gegen das jüdische finanzielle Ausbeutungssystem vollständig irre zu leiten, indem sich jüdische Agitatoren der gährenden Masse zu bemächtigen suchen. So sind Marx, der Leiter der Internationalen, Lassalle, Gambetta, Mazzini, Max Hirsch usw. Juden. In der sozialistischen Presse und Agitation in Deutschland sind Juden vielfach tätig.

Mit sehr viel Verständnis und Sachkenntnis äußert sich *Constantin Frantz* in seiner jüngsten Arbeit: "*Der Untergang der alten Parteien usw.*" (Berlin bei Niendorf) über die Verhältnisse. Von Marx und Lassalle sprechend, sagt er z. B.:

"Wie natürlich nun aber, daß der Judengeist dieser beiden Hauptschriftsteller des deutschen Sozialismus sehr wesentlich dazu beitrug, denselben von vornherein in eine dem Christentume abgewandte und noch mehr der Kirche feindliche Richtung zu drängen. Die Judenschaft kann so zuvörderst ihren Kitzel darin finden, daß es doch wieder zwei von ihren Leuten gewesen, welche den deutschen Michel erst in den Sozialismus einweihen mußten. Noch mehr hat sie den Vorteil davon, den Sozialismus selbst als Sturmbock gegen das so verhaßte Christentum verwenden zu können. Mögen die Sozialisten nur recht tapfer gegen die Kirche anrennen, das gefällt ihr um so besser, als die Arbeiter dann um so weniger auf den Gedanken kommen werden, doch auch einmal die Judenwirtschaft in Untersuchung zu ziehen, wozu der Sozialismus wahrlich mehr Veranlassung hätte, als sein Pulver gegen die Kirche zu verschießen, die ihm jedenfalls nicht viel zu Leide tun kann."

"Ist es wirklich seine Aufgabe, das dermalige Ausbeutungssystem zu beseitigen – was ist augenfälliger, als daß die Judenschaft die ganze Christenheit ausbeutet, und somit auch die arbeitenden Klassen, welche selbst die Mehrheit der christlichen Bevölkerung bilden? Ist nicht das Budget der Judenschaft wenigstens hundertmal so groß, als das der Kirche, da schon der eine Rothschild mehr besitzen dürfte, als alle deutschen "Pfaffen" zusammengenommen, und er sein Vermögen ganz ebensowenig durch den Schweiß seiner Hände erwarb, als jene das ihrige? Sehen die deutschen Sozialisten das nicht ein, so müssen sie wohl tatsächlich selbst schon in Abhängigkeit von der Judenschaft geraten sein."

Constantin Frantz wendet sich alsdann zur Börse, indem er sagt: "*Warum spricht doch weder Marx noch Lassalle grade über dieses Zentrum des ganzen Ausbeutungssystems, da ihnen das Börsentreiben doch bekannt genug sein mußte?* Statt dessen sprechen sie nur in abstrakten Allgemeinheiten vom "Kapital" ... Was aber die Herrschaft des Kapitals anbetrifft, so ist doch die Börse der Zentralpunkt derselben, wogegen folglich der Hauptangriff gerichtet sein müßte, wenn man überhaupt die Kapitalherrschaft stürzen will. Warum also kein Wort davon? Bloß zufällig kann das nicht sein, sondern es sieht ganz so aus, daß es eben die Absicht war, die Blicke der Sozialisten davon abzulenken, damit nur gar keine Agitation gegen die Börse und damit gegen die Judenherrschaft entstände".

"Ganz ähnlich dann, wie Ehren-Lasker den Wagener-Lärm erhob, und einige vergleichsweise doch nur unbedeutende christliche Gründer abschlachtete, die er der öffentlichen Meinung als Futter hinwarf, damit der deutsche Michel nur gar nicht auf den Gedanken käme, über das hundertmal größere jüdische Gründertum herzufallen".

"Und so sei es hier rundweg herausgesagt: ob bewußt oder unbewußt, tatsächlich wirkten *Marx und Lassalle* im Interesse der Judenschaft, die sich gar nichts Besseres wünschen kann, als daß die Sozialisten sich in abstrakte Allgemeinheiten verrennen. ... Dabei kann das Börsengeschäft lustig fort florieren und es ist die nackte Tatsache, daß die bisherige sozialistische Agitation gerade in diesem Punkte nicht das Geringste geändert hat. Zugleich aber gewiß das schlagendste Zeugnis davon, wie weit es mit der Judenherrschaft wirklich schon gekommen ist, da es ihr gelingen konnte, selbst den Sozialismus – nach dessen Prinzipien ausdrücklich kein anderer Erwerb als nur durch Arbeitsverdienst gelten und jede Art von Profitmacherei ausgeschlossen sein soll, wonach er der Todfeind der Judenherrschaft sein mußte – daß sie selbst diesen ihren Todfeind düpieren <foppen, betrügen, täuschen> konnte, daß er tatsächlich ganz ebenso ihren Interessen dient, wie andererseits der Nationalliberalismus!

Marx, Lassalle und Lasker – in diesem Punkte trifft ihre Wirksamkeit zusammen."

Eine ähnlichen Gedankengang findet man auch in der Broschüre: "Die sogenannte deutsche Reichsbank, eine privilegierte Aktien-Gesellschaft von und für Juden"10) (2. Auflage, Berlin bei Niendorf) entwickelt. Auch hier wird darauf hingewiesen, daß Herr *Dr. Lasker* einen als Judenfeind bekannten konservativen Gründer abgeschlachtet, während er die Hauptschuldigen, die großen jüdischen Gründer, völlig unbehelligt ließ. Indem er sich an die Spitze der öffentlichen Entrüstung über den unchristlichen jüdischen Aktienschwindel stellte, gab er dieser Bewegung eine solche Richtung, daß dieselbe zu keinem praktischen Ziele gelangen konnte. So wie die Dinge im Jahre 1873, zur Zeit des bezüglichen Lasker'schen Auftretens lagen, stand die Gefahr vor der Tür, daß eine von anderer, und zwar christlicher Seite gegen den Aktienschwindel beharrlich geführte Agitation, trotz beharrlichen Todschweigens seitens der jüdischen Presse populär werden und zu einer radikalen Bedrohung des jüdischen Aktienschwindels, der Hauptquelle des jüdischen Reichtums und der jüdischen Macht führen könnte. Diese Gefahr wurde von jüdischer Seite erkannt, und mit einer Genialität, welche allerdings in mehr als einem Sinne bewunderungswürdig ist, verstand es Herr *Dr. Lasker*, in diesem gefährlichen Momente, sich zum Leiter der öffentlichen Entrüstung zu machen, welche sich gegen die eigentlichen Hauptschuldigen, die jüdischen Geld- und Bankleute, zu wenden drohte und zuletzt das jüdische Aktienprinzip selbst hätte bedrohen können, wie denn auch von christlicher Seite seit länger ein mit Ausdauer geführter Kampf gegen dies Prinzip eröffnet worden ist. Bis jetzt hat das Auftreten des Herrn Lasker wirklich die Folge gehabt, daß seitens der Gesetzgebung tatsächlich so gut wie nichts gegen den Aktienschwindel geschehen ist und daß die von christlicher Seite gegen denselben gerichtete Agitation gar nicht zur Geltung gelangt.

Die Tätigkeit des jüdischen Einflusses in der Presse ist in dieser Frage natürlich konstant dahin gerichtet, prinzipielle Klarheit im Sinne einer christlichen Auffassung über dieselbe nicht aufkommen zu lassen, vielmehr das öffentliche Urteil dahin zu bearbeiten, daß zuletzt, wenn man zu einer "Revision des Aktiengesetzes" vorschreitet, keine grundsätzliche Radikalkur vorgenommen wird. Es werden dann, nach dem Muster einer der so überaus zahlreichen und wirkungsvollen "Reformen" der fremden Aktiengesetzgebung einige Änderungen unserer bezüglichen Gesetzgebung beliebt werden, welche in der Hauptsache - alles beim alten lassen. Zu gelegener Zeit, wenn die Nation, nachdem sie nichts gelernt, auch noch alles vergessen haben wird, kann dann der Schwindel von neuem wieder losgehen. Bis dahin arbeiten die größeren älteren Aktiengesellschaften als ergiebige Geldquellen für die Finanzkreise und als Handhaben einer fast unwiderstehlichen Macht ruhig in alten Geleise weiter.

XVII.

Unter *gewöhnlichen* Verhältnissen müßte es längst als ein der auffallendsten Erscheinungen erkannt sein, daß im Reichstage und preußischen Landtage gerade ein *jüdischer Cato* die Aktienfrage aufgreift, während es notorisch seine Glaubensgenossen vom Bank- und Börsenfach sind, welche dicht vor den Türen der gesetzgebenden Körperschaften den Aktienschwindel in erster Linie machen. Da aber ein öffentliches Aufsehen über diesen Sachverhalt fast nur in der Presse seinen Ausdruck finden könnte, und da diese Presse größtenteils unter jüdischem Einflusse steht, so kommt eben ein Aufsehen über jene Tatsache überhaupt nicht einmal mehr zu Stande. Ob heute irgend etwas Aufsehen erregt oder nicht, hängt fast nur noch von dem Willen der jüdischen Pressemache ab.

Welche geradezu wunderbaren Auslassungen heute der deutschen Nation von ihren jüdischen Mitbürgern in Bezug auf gewisse Finanz-Interessenfragen geboten werden können, ohne auf irgend welche Zurückweisung in dem größeren Teile der Presse zu stoßen, grenzt geradezu an's Unglaubliche. Da die Epidermis <Oberhaut> der Mitlebenden diesen Dingen gegenüber vollständig die Konsistenz und Undurchdringlichkeit der Rhinozeroshaut angenommen zu haben und selbst gegen die schärfsten Pfeile der Satire unempfindlich geworden zu sein scheint, so wird es wenigstens späteren Geschlechtern vielleicht von Nutzen sein, wenn sie erfahren, bis zu welchem Grade der Taumel eines falschen, unchristlichen, antichristlichen und christliche Gesinnung im größeren Maßstabe zerstörenden Finanzsystems die Mitlebenden ergriffen hat.

In Bezug auf die Behandlung des Aktienschwindels seitens der jüdischen Presse- und Parlamentspolitiker sind hauptsächlich zwei Gruppen zu unterscheiden. Die eine derselben, welche die Tagesweisheit für die christlichgermanische Bevölkerung in den Tagesblättern und Börsenzeitungen zubereitet, läßt es im allgemeinen gelegentlich an scharfen Verdammungsurteilen über den Schwindel nicht fehlen, wobei man sogar in Börsenblättern Ausdrücke wie "Geldprotzentum" und dergleichen lesen kann. Soweit es sich aber um die praktische Behandlung der Aktien- und Börsenfrage handelt, ergeht man sich in einem Meere allgemeiner Phrasen und tischt der Nation im äußersten Falle allerlei Reformvorschläge auf, welche dem Kenner auf den ersten Blick lächerlich erscheinen.

Die feinsten und genauesten Kenner der Aktienfrage, welche wir als die zweite Gruppe bezeichnen möchten, finden sich selbstredend unter unsern Mitbürgern mosaischen Glaubens und semitischen Stammes. Während ein *deutscher* "Philosoph", der Verfasser der *"Philosophie des Unbewußten"* 1872 der im Feuilleton der *"National-Zeitung"* einen Panegyrikus <Lobrede> des Aktienwesens schrieb, welcher schon in Jahresfrist durch die Ereignisse auf das Gräßlichste ad absurdum geführt wurde, war es 8 Tage später in demselben Feuilleton der *"National-Zeitung"* der *jüdische* Philosoph, Herr *H. B. Oppenheim,* welcher im Widerspruch mit den Hirngespinsten jenes *deutschen* Denkers, die tatsächlichen Verhältnisse des Aktienwesens mit einer Schärfe geißelte, die seiner Sachkenntnis alle Ehre machte.

In Bezug auf Bekanntschaft mit den tatsächlichen Verhältnissen des Aktienwesens erwies sich der deutsche Denker, gegenüber dem jüdischen, als ein vollkommen unmündiges Kind.

Schon diese Arbeit des Herrn *Oppenheim* trägt die charakteristischen Merkmale, durch welche sich die Behandlung der Aktienfrage seitens der *feineren* jüdischen Kenner auszeichnet. Das heißt, es tritt uns in den Auslassungen dieser Herren zunächst die genaueste Bekanntschaft mit der komplizierten und jedem Betruge Tür und Tor öffnenden Einrichtung und Praxis des Aktienwesens entgegen; wir finden demnächst die schärfste Verdammung der hier gewohnheitsmäßig im größten Maßstabe vor sich gehenden Unredlichkeiten; die Folgen dieses Schwindels werden uns als wahrhaft kulturvernichtend geschildert und selbst eine Zerstörung der bestehenden gesellschaftlichen Ordnung durch denselben in Aussicht gestellt: - dann aber wird aus alledem mit einer Unverfrorenheit, die ihres Gleichen sucht, der Schluß gezogen, diesen Übelständen lasse sich gesetzlich nicht abhelfen, man müsse abwarten, bis der "gesunde Sinn des Bürgertums ..." usw. Erst wird die Aktiengesellschaft mit allen charakteristischen Merkmalen der Verwerflichkeit geschildert, um uns hinterher zusagen, daß man weit davon entfernt sei, diese Geschäftsform für verwerflich zu halten; – erst wird uns mit anschaulichsten Farben ausgemalt, wie diese Geschäftsform geeignet sei, den Bestand der heutigen Weltkultur und des deutschen Reiches zu gefährden und zu untergraben, um uns hinterher den Rat zu erteilen, diesem Selbstvernichtungsprozeß ruhig zuzusehen und ihn möglichst ungestört von Statten gehen zu lassen!

Wir belegen diese Ausführungen mit einer Blütenlese von Proben.

XVIII.

Indem wir es unternehmen, dem Publikum eine Reihe von *Aussprüchen jüdischer Kenner über das Aktienwesen* vorzuführen, beginnen wir mit dem Reichstagsmitgliede Herrn *Dr. Ludwig Bamberger.* derselbe huldigte bekanntlich in den Sturm- und Drangjahren von 1848 der roten Republik, wurde in Folge seiner Betätigung in dieser Richtung zu mehrjährigem Zuchthaus verurteilt, zog aber, seiner eigenen Äußerung zufolge, mehrere Jahre Bankhaus vor, indem er erst nach London, dann nach Paris flüchtete und sich an beiden Orten im Bankfach betätigte, in Paris in dem großen Geschäft eines Onkels. *Dr. Strousberg* sagt von ihm in seinem bekannten Buche (S. 179), daß er "in dieser Branche als Levit an den Stufen des Altars im Tempel der Hölle der Pariser Börse gedient und aus dem Zehnten sein Vermögen erworben hat." Herr Bamberger muß also aus eigenster Erfahrung wissen, "wie es gemacht wird".

In einer in der Paul Lindau'schen "Gegenwart" publizierten Arbeit über "*Gründer, Banken und Redner*", welche durch das Lasker'sche Vorgehen in der Aktien- und

Eisenbahnfrage im Winter 1872 - 1873 veranlaßt ist, finden wir z. B. folgende *Aussprüche des Herrn Dr. Ludwig Bamberger*:

"Der Mensch ist nicht geboren, Aktionär zu sein. Hätte ihn die Natur dazu bestimmt, sie würde ihm Augen gegeben haben, um die Ecke zu sehen."

"Ein Aktionär ist ein Mensch, welcher spazieren geht, während andere für ihn arbeiten."

"Jede Beteiligung an einer Gesellschaft, in welcher der Beteiligte nicht selbst mit am Steuer sitzt, ist ein Stück Hasardgeschäft."<Glücksspiel>

"Alle eisernen Gitter und Vorhängeschlösser, welche Gesetz und Gebrauch dem Aktionär gegeben haben, damit er sein Geld selbst überwache, haben sich als eitel Plunder erwiesen."

""Wär' ich nicht besonnen, hieß ich nicht Tell"" - "und wär er nicht ein fauler und gefräßiger Spaziergänger, so wäre er kein Aktionär."

"Eine Aktiengesellschaft ist ein Kapital, das man einem Direktor anvertraut; Kapital ist Kapital, aber die Direktoren sind verschieden."

"Ich hatte einmal eines Doktors Kind zu Tische, zu dem ich sagte: "aber Junge, Du verdirbst Dir den Magen!" - "Tut nichts", antwortete der flinke Kleine, "Papa gibt mir eine Mixtur." So dächte ein Aktionär, welcher sich darauf verließe, daß der Staatsanwalt seinen ungetreuen Aktiendirektor verfolgen werde, vorausgesetzt, der Staatsanwalt wäre so geschickt, wie der Papa Doktor." -

"Der mystische Glaube an die Wunderkraft der Aktiengesellschaft ist gerade so vom Übel, wie der mystische Glaube an die Wunderkraft des Staates." -

Ferner sagt Herr Bamberger in einer am 4. März 1875 in Mainz gehaltenen Rede11):

"Ich setze eine Prämie auf einen Verwaltungsrat, der von den Aktionären ernannt ist! - Ich habe noch nie einen solchen gesehen! Er wird gemacht von den Leuten, die die Gesellschaft machen" (d.h. von den Gründern) ... "Bei jeder künftigen Ernennung, die wirklich nach den Statuten gemacht werden soll, sind es bloß die Verwaltungsräte, die sich selbst ernennen. - Hier beginnt von vornherein die Unwahrheit."

Soweit Herr Bamberger.

Ein Mittel, wie diese entsetzlichen Konstitutionsfehler des Aktiensystems zu ändern seien, gibt Herr Bamberger aber nicht an. Er weiß vielmehr mittelst einiger, eines dialektischen *Bellachini* (auch Jude), würdiger begrifflicher Taschenspielerkunststücke möglich zu machen, sein Elaborat, welches *logischer* Weise nur eine absolute Verdammung des Aktienswesen zuläßt, mit einer begeisterten Lobrede auf das Aktienwesen zu schließen. Näheres darüber mag man in unserer Broschüre über "*Die sogenannte deutsche Reichsbank*" (Seite 87 bis 89) nachlesen.

Einer ganz ähnlichen Taktik befleißigt sich denn auch Herr *Dr. Lasker* in der Frage der Aktien-Gesellschaften. Erst erhebt er große Anklagen gegen das System, weist unheilbare Gebrechen an denselben nach, verlangt unbedingt baldige Abhilfe und – weiß schließlich für die von ihm aufgedeckten sozialen Krebsschäden kaum Zukkerwasser als Heilmittel anzubieten.

Hören wir z. B. was Herr Lasker über die beiden wichtigsten Bestandteile der Aktiengesellschaft, nämlich die *Generalversammlung* und den *Aufsichtsrat*, sagt. Über die Generalversammlung äußert er sich zunächst in seiner bekannten Reichstagsrede vom 4. April 1873 wie folgt:

"Eine wunderlichere Schöpfung als die moderne *General-Versammlung* hat es in allen bisherigen Jahrhunderten nicht gegeben."

Ferner über den *Aufsichtsrat*:

"Den modernen Aufsichtsrat brauchen Sie nicht mikroskopisch, sondern nur unter einer ganz kleinen Lupe zu betrachten, um genau zu erkennen, wer denn eigentlich der Aufsichtsrat ist."

"Es gibt Aufsichtsräte, welche ein gewerbsmäßiges Geschäft mit diesem Amte treiben, eine neue Art des Erwerbes. Von einem hiesigen (Berliner) ehemaligen, jetzt pensionierten Gründer ist mir gesagt worden, daß er nicht weniger als 50 Aufsichtsratsstellen verwalte (Große Heiterkeit); der hat das Gründergeschäft aufgegeben und sich etabliert als berufsmäßiger Aufsichtsrat. Außerdem gibt es eine große Zahl von Personen, welche durch das Gewicht ihres Namens, durch das Gewicht ihrer sozialen Stellung, durch das Gewicht ihrer Bekanntschaften gegen sehr hohe Tantieme in den Aufsichtsrat hineingezogen werden. Es ist jetzt, wie Sie wissen, zum Teil der Aufsichtsrat ein Verwendungsposten für ehemalige höchste Staatsbeamte (Hört, hört!), zum Teil ein Posten für sehr wohlklingende Namen, für Personen, welche durch Titel oder Stellung oder durch was sonst im Publikum geschätzt sein mögen. Die Ansprüche, die an einen solchen Aufsichtsrat gestellt werden, sind der Regel nach sehr bescheiden; wenn die Gesellschaft eine energische Person in der Leitung hat, so wird der Regel nach zum Aufsichtsrat ein Solcher ausgesucht, von dem man annimmt, daß er sehr wenig um die Sache sich kümmern werde. (Heiterkeit.) Es werden sehr bedeutende Summen, die mir in verschiedenen Fällen bis zu vielen Tausenden, in einem Falle sogar bis zu 40 000 Talern jährlich angegeben worden sind, von einem und demselben als Aufsichtsrat einer oder mehrerer Gesellschaften verdient, und möglichst wenig getan. ..."

"Dann gibt es eine andere Art von Aufsichtsräten, die im Gegensatz zu denen, welche unbeteiligt sind und nur Tantieme beziehen, nur zu sehr beteiligt sind mit ihrem besonderen Interesse und doch im Aufsichtsrat sitzen und Einfluß ausüben ..."

"Das bestehende Aktiengesetz ist Stückwerk. Unsere Aufgabe ist es, wo so große Mißstände bekannt sind, schnell und ohne Zeitverlust Hand ans Werk zu legen ... *Ich halte den Zustand*, wie er gegenwärtig ist, *geradezu für unleidlich* ... Unser Geschäftszustand leidet empfindlich, wenn solche Personen, die niemals ihre Hand darbieten würden zu etwas, was an sich unanständig ist, durch die Lage der Gesetze so verwirrt werden, daß sie die Grenzen des Anstandes und der Gesetze nicht mehr kennen!"

So rief Herr *Lasker* am 4. April 1873 mit Emphase in die Welt hinaus; und heute, 5 Jahre später, was ist in der Sache geschehen? - Was hat Herr Lasker selbst getan und vorgeschlagen, um Wandel zu schaffen, "wo so große Mißstände bekannt sind"? Mit ein paar Redensarten über mehr "*Öffentlichkeit*" und "*Verantwortlichkeit*" hat Herr Lasker sich beholfen, Redensarten, welche diejenigen, welcher die englischen und amerikanischen Experimente über "Öffentlichkeit" und "Verantwortlichkeit" im Aktienwesen kennt, kaum noch ein Lächeln ablocken. Oder sollen wir gar noch im Ernste von dem "malerischen System" sprechen, welches Herr Lasker in einer seiner Reden als Mittel gegen den Aktienschwindel empfiehlt? - Zwar hat sich der *Bundesrat* inzwischen von dem jüdischen Mitgliede des Reichsoberhandelsgerichtes, Herrn *Wiener* (ohne Juden geht es nämlich in der Aktienfrage überhaupt nicht), ein Gutachten erstatten lassen: im übrigen ist aber in der Sache alles geblieben, wie es war. Herr *Lasker* hat große Pupularität in der Sache eingeheimst und ist im übrigen viel zu klug, um einer so heiklen Frage allzudicht auf den Leib zu rücken.

XIX.

Hatten wir in *Dr. Lasker* einen Juristen und Gelehrten und in *Dr. Bamberger* einen Praktiker des Bank- und Börsenfaches konsultiert, so möge nun auch noch ein Praktiker der Eisenbahnbranche, der Generalentreprise und der industriellen Unternehmungen folgen. Wir meinen Herrn *Dr. Strousberg*. Seinem bekannten Buche über sich selbst und einiges andere entnehmen wir folgende Äußerungen über das Aktienwesen und das damit verknüpfte Bank- und Börsenfach:

"Jeder wird ohne weiteres einräumen, daß, ceteris paribus, der eigene Betrieb jedem Betrieb auf Aktien vorzuziehen sei." (S. 33.)

"Die Privatindustrie ist der assoziierten durchaus vorzuziehen. Aktienunternehmungen sind Übel ..." (S. 80.)

"Sicher, in Bezug auf ihre Solvenz, sind unsere Bank- und Hypothekeninstitute, Bankiers, Wechselgeschäfte und Kommissionshäuser nichts anderes als Triebfedern zur Spekulation, und Mittel zum Wucher und zum legalisierten Betrug." (S. 37.)

"... Die Art, wie die Börsenkurse gemacht und notiert werden, bietet die nötige und bezweckte handhabe für den Betrug." (S. 59.)

"Es bleiben schließlich dem Bankier, als wirklich ergiebige Erwerbsquelle, nur Staatsanleihen, Gründungen und Agiotage." (ibid.)

"Das Geschäft der Agiotage überhaupt, und namentlich bei Gründungen, gibt den vornehmen, ehrlichen (!) Banken und Bankhäusern legitime Mittel, das Publikum zu berauben."12) (S. 36.)

"Der Aktionär fühlt kein dauerndes Interesse für das Unternehmen selbst, die Kursnotierung und die sofortige Dividende spielen die Hauptrolle." (S. 219.)

"Der Aktionär überhaupt, und bei uns besonders, sieht nur nach dem Kurse und in zweiter Reihe nach der Dividende; wie der Erstere entsteht und wo die Letzere herrührt, tangiert die allergrößte Majorität gar nicht; er verkauft des Kurses halber um zu verdienen oder Verlust zu vermeiden und genießt die Dividende, so lange er im Besitz ist. Ein wahres Verständnis für das Unternehmen haben die wenigsten." (S. 218.)

"Die *General-Versammlung* kann überhaupt nur in ganz besonderen Fällen und selten mitsprechen, ihr fehlt die Gelegenheit, die Tatsache zu prüfen, ja als Gesamtkörper die Qualifikation, sie zu verstehen, wenn auch eine Prüfung möglich wäre. Unter den jetzigen Verhältnissen sind die General-Versammlungen immer von den leitenden Besitzern beherrscht, *und unter allen Umständen wird dieses bis zu einem gewissen Grade auch stets der Fall bleiben.*"

"Bei der ungebührlichen Stellung, die das Gesetz und die Usance <Gepflogenheit> bei uns (und, fügen wir hinzu, die Natur der Aktiengesellschaft überall) den Direktionen einräumt, ist der *Aufsichtsrat* eigentlich auch machtlos: viele mögen sich einbilden, daß sie die Aufsicht ausüben, ich behaupte dagegen aus großer Erfahrung und trotz vollständiger Beherrschung des Faches, daß ich mich als Aufsichtsrats-Mitglied für vollständig unfähig hielt, nach irgend einer Richtung die Kontrolle und Aufsicht zu führen, wie dies sein müßte."

Wir glauben dem hinzufügen zu sollen, daß Herr *Dr. Strousberg* bei dieser klaren Erkenntnis von der Nichtigkeit der Aufsichtsräte es hätte vermeiden müssen, Aufsichtsrat zu werden und Tantieme zu beziehen. - Über das *Strohmänner-Institut* äußert sich Dr. Strousberg recht instruktiv auf Seite 217 bis 219 seines Buches. In äußerst interessanter Weise läßt sich derselbe auf Seite 197 z. B. über Dr. Bamberger aus.

Es versteht sich ganz von selbst, daß Dr. Strousberg trotz aller Ausstellungen, welche er an der Aktiengesellschaft macht, sich als begeisterter Anhänger dieser Geschäftsform ausweist, und nur einige, gänzlich unschuldige Kleinigkeiten zur Abhilfe der riesengroßen Schäden zu empfehlen weiß. Auch er wehrt die Möglichkeit des Gedankens, daß die Aktiengesellschaft als Geschäftsform überhaupt verwerflich sei, weit ab. Sind doch der Aktienschwindel und die Gründerei die besten Einnahmequellen der großen jüdischen Bankgeschäfte, welche Herr Strousberg zwar anscheinend bekämpft, mit denen er aber immerhin auf einem erträglichen modus-vivendi-Fuß zustehen scheint. Wer freilich wie Strousberg den Gedanken fassen kann, Berlin auf dem Aktienwege in einen Seehafen zu verwandeln, für den wird allerdings die Form der Aktiengesellschaft nicht leicht entbehrlich scheinen.

Daß der jüdische Nationalökonom, Herr H. B. Oppenheim, ganz analogen Auffassungen huldigt, haben wir bereits angedeutet. So sagt derselbe z. B. in seinem besprochenen Feuilleton-Artikel in der "National-Zeitung" über die *General-Versammlung*:

"Die Generalversammlung der Aktionäre übt, wie jedermann weiß, *nur eine lächerliche Scheinkontrolle aus.*" Ferner: "Wenn es erst so weit gekommen ist, daß einzelne Aktionäre sich zu einer selbständigen Kritik aufraffen, dann ist es sicher schon zu spät, um den Schaden gut zu machen, und auch dann noch werden diese Friedensstörer von angestifteten Scheinmajoritäten rasch unterdrückt. Siegt aber einmal ausnahmsweise die Opposition in einem solchen verzweifelten Falle, so erntet sie nur die größte Verlegenheit. Da ist niemand, an den sie sich halten kann, und sie selbst muß auf eigene Gefahr ein Chaos übernehmen, das andere eingebrockt haben."

So äußerte der jüdische Nationalökonom sich schon in einer Zeit, als das heutige deutsche Publikum mit seinen Erfahrungen über Aktienwesen noch in den ersten Kinderschuhen steckte, noch ziemlich lange vor dem Krach von 1873! Auch er schildert die Gefahren, mit welchen das Aktienwesen sogar den Bestand der modernen Gesellschaft bedrohe, auf das eindringlichste und beweglichste, um lächelnd zu schließen, man könne nichts Besseres tun, als alledem ruhig und untätig zuzusehen!

Vernehmen wir denn zum Schluß, was Herr *David Hansemann*, welcher zwei der ersten großen Eisenbahn-Gesellschaften in Deutschland, sowie auch die Berliner Diskontobank gründete, über die Aktiengesellschaften zusammenfassend sagt. In einem Briefe an *Mathy*, den späteren badischen Minister ("Köln. Ztg." v. 6. April 1870, Nr. 96, drittes Blatt, erste Spalte), äußert sich David Hansemann, welcher, wie uns mitgeteilt wird, ebenfalls mosaischen Stammes und der Vater des jetzigen Präsidenten der Berliner Diskontobank ist, über die Aktiengesellschaften sehr bündig:

"*Kurz*, **die eigentlich unmoralische und unredliche Einrichtung dieser Aktiengesellschaften ist ein Radikal-Fehler.**"

Bald darauf wurde die Bank des Herrn *David Hansemann* in eine Kommanditgesellschaft auf Aktien verwandelt.

Sapienti sat. <Genug für den Verständigen>

XX.

Wir haben bereits betont, daß die Juden unter ihren Stammeseigentümlichkeiten auch hervorragende Vorzüge besitzen. Vor allem steckt in ihnen eine unüberwindliche Zähigkeit. Sie sind ungemein fleißig, tätig und nüchtern. Betrunkene Juden sieht man fast nie. Die deutsche Untugend des übermäßigen Herumrätselns in der Kneipe und auf der Bierbank liegt ihrem Naturell sehr fern. So weit und so lange es gilt zu erwerben, sind sie sparsam, haushälterisch und spekulativ. In Handels-, Erwerbs- und Geldangelegenheiten sind sie mit besonderer Intelligent ausgestattet und ein gewisses Geschäfts- und Rechentalent ist ihnen gewissermaßen als Instinkt eigen. Sie besitzen große reziptive und produktive Begabung und sind voll angeborener List und Schlauheit. Für geleistete Dienste sollen sie sehr dankbar und erkenntlich sein. Sie besitzen unter einander einen ungemeinen Zusammenhalt und wissen diejenigen ihrer Stammesgenossen, welche durch irgend welche besondere Begabung den jüdischen Interessen dienen können, meist neidlos an die richtige Stelle zu fördern. Ihr Zusammenhalt zeigt sich auch im Familienleben, welches gerühmt wird. In der "Alliance Israelite" haben sie sich eine internationale Organisation gegeben, so wie sie auch in den meisten Ländern noch besondere Organisationen besitzen.

Ob dagegen ihre übrigen Stammeseigentümlichkeiten, welche sich keineswegs als Tugenden präsentieren, erst Folgen der Verhältnisse seien, unter welchen sie während des Mittelalters unter den christlichen Nationen gelebt, erscheint mehr als zweifelhaft. Je mehr man in das Detail der jüdischen Geschichte vor und nach der Zerstörung Jerusalems eindringt, um so zweifelhafter wird die Annahme, daß die jüdische Vorliebe für Handelsgeschäfte und Geldoperationen, ihre Scheu gegen körperliche Arbeit usw., lediglich oder auch nur hauptsächlich durch ihre Geschichte im Laufe des Mittelalters erzeugt seien. Schon die allgemein geglaubte Annahme, daß erst überwiegend durch die Zerstörung Jerusalems die Zerstreuung der Juden in alle Welt herbeigeführt worden, erweist sich bei näherem Zusehen als fabel convenue. Es ist eine historisch vollkommen feststehende Tatsache, daß die Zerstreuung der Juden über alle Welt lange vor der Zerstörung Jerusalems durch Titus begonnen hat und mit dieser letzteren überhaupt nur sehr wenig zusammenhängt.

Tatsache ist, daß schon die Römer über die Juden schlecht urteilten. Zusammenstellungen der betreffenden Aussprüche römischer Schriftsteller sind mehrfach gemacht worden. Damals schon widmeten sie sich mit Vorliebe dem Handel und den Geldgeschäften. Lange vor der Zerstörung Jerusalems existierten sie in den verschiedensten Teilen des römischen Reiches und schon damals waren sie wegen ihrer Exklusivität gehaßt und gefürchtet. Schon Cicero hielt es für ratsam, sehr auf sie Rücksicht zu nehmen und Tacitus (Annalen, Buch V) spricht von ihrem Hang zur "Untätigkeit", während er weiter bemerkt, daß sie gegeneinander unbewegbar treu und in der Not hilfreich sind, so wie sie gegenteils alle andern Menschen wie Feinde hassen.

Je mehr man in das Detail der jüdischen Geschichte eindringt, um so mehr ist man erstaunt über den eigentümlichen Einfluß, welchen dieselben auf die Geschicke der Völker geübt haben. Dieser Einfluß ist ungleich bedeutender, als die gewöhnlichen Geschichtsdarstellungen meist annehmen lassen. Bis jetzt fehlt es an einer genügenden, objektiven *Geschichte der Juden* gänzlich. Von jüdischen Autoren existieren allerdings mehrere Arbeiten dieser Art: von der bedeutendsten derselben urteilt jedoch z. B. Professor *Heinrich von Treitschke* in seinen "Preußischen Jahrbüchern" (1879 Novemberheft) wie folgt:

"Man lese die *Geschichte der Juden von Grätz*; welche fanatische Wut gegen den "Erbfeind", das Christentum, welcher Todhaß grade wider die reinsten und mächtigsten Vertreter germanischen Wesens, von Luther bis herab auf Goethe und Fichte! Und welche hohle, beleidigende Selbstüberschätzung! Da wird unter beständigen hämischen Schimpfreden bewiesen, daß die Nation Kant's eigentlich erst durch die Juden zur Humanität erzogen, daß die Sprache Lessing's und Goethes erst durch Börne und Heine für Schönheit, Geist und Witz empfänglich geworden ist! ..."

Eine gute und objektive *Geschichte der Juden* zu schreiben ist eine Aufgabe, welche deutschem Forscherfleiße noch vorbehalten ist.

Auch die Geschichte der Juden im Mittelalter gewinnt bei näherem Einblick einen durchaus andern Charakter, als die landläufige Auffassung ihn bietet, und es darf schon jetzt als genügend sicher angesehen werden, daß jene Stammeseigentümlichkeiten der Juden, welche man heute ziemlich allgemein als ein lediglich Produkt "mittelalterlicher Bedrückung und Intoleranz" ansieht, bereits konstatiert und beklagt worden sind, ehe diese "mittelalterliche Bedrückung" überhaupt wirksam wurde. Dabei soll natürlich jene Grausamkeit, Härte und Brutalität, welche das Mittelalter so viel kennzeichnet, und welche gegen die Juden, wenn auch meist nicht ohne Provokation eben so Platz griff, wie bei den Christen untereinander, natürlich nicht im Mindesten beschönigt werden.

XXI.

Sehr wenig bekannt ist bisher auch die **Literatur über das Judentum und die Judenfrage**. Wir machen nachstehend den Versuch, eine kritische Übersicht ihrer Haupterscheinungen zu geben. Wir sind zwar vorläufig nicht in der Lage, die sonst wünschenswerte Vollständigkeit für diese Übersicht zu erzielen, doch wird auch das schon, was wir zunächst bieten können, für das Studium der Judenfrage von Wert sein.

Wir müssen hier in erster Linie wieder auf den **Talmud** zurückkommen. Es muß hier von neuem beklagt werden, daß wir eine neuere, autoritative Bearbeitung des Talmudmateriales von christlicher Seite für das größere christliche Publikum bis jetzt entbehren. Das mehrzitierte *Rohling'sche* Werkchen "Der Talmudjude" (Münster bei Ad. Rüssel), ist weder umfassend noch allseitig genug, um eine richtige Beurteilung des weitsichtigen Talmudmateriales zu ermöglichen. Das *Eisenmenger'sche* Werk ("Das entdeckte Judentum") ist veraltet und im Buchhandel nicht mehr zu haben. Wesentlich von derselben Auffassung ausgehend, wie die Rohling'sche und Eisenmenger'sche Darstellung der Talmudlehre, ist die folgende Arbeit, welche wir in der "Deut. Landes-Ztg." (Jahrgang 1878, Nr. 25 u. 27) entnehmen. Der ungenannte Verfasser dieser Arbeit legt dar, daß Juden in christlichen Angelegenheiten nicht mit zu reden hätten und führt dafür 3 Gründe an; der letzte derselben lautet:

"3. weil das die Juden bindende Religions-Gesetz, der Talmud, sie zu ewiger Feindschaft, Verachtung und sogar zur Verfolgung der christlichen Kirche und ihrer Angehörigen verpflichtet, da sie die christliche Religion als eine gemeine, unreine Abart aus ihrem Talmud erklärt; folglich dieselben – nämlich die Juden – in christlichen Angelegenheiten stets ungerecht und gehässig entscheiden müssen.

Für die Wahrheit des hier sub 3 Gesagten – fährt der Verfasser dann fort – wollen wir aus dem Talmud und seinen Erklärern den Beweis liefern.

In dem von Rab. Mattátja verfaßten, 1861 zu Altdorf gedruckten talmudischen Tractat "Sepher Nizzachon", auch das "alte Nizzachon" genannt, S. 240 wird die Heilige Schrift des neuen Bundes "Sepher pasul (pósul)", d. i. das unheilige, das michtswerte Buch genannt.

Die heiligen Evangelien werden von den Juden mittelst einer Wortverdrehung zu "Avon gillajon", d. i. einem Buche der Eitelkeit und Sünde, gemacht:; dasselbe findet man auch bei Rab. Nathan oder Noson in seinem zu Venedig 1535 gedruckten "Aruch" oder "Lexicon".

Ähnliche Blasphemien trifft man auch in dem jüdischen Gebetbuche, welches 1681 zu Amsterdam, mit Beifügung eines Kommentars, gedruckt wurde und das von den Juden die "polnische Sidurim" genannt wird, Fol. 42, Col. 2, in dem Gebete, welches "Ahava lephareschath Vareja" heißt und mit den Worten: "Schamenù leschonám" anfängt; desgleichen im talmudischen Tractat Schabath, Fol. 116, Col. 1.

Im alten "Nizzachon", S. 335, wird der Apostel Petrus, Peter chamor", d.h. die Erstgeburt eines Esels genannt.

In demselben "Nizzachon", S. 225, 228, wird der Apostel Paulus statt "Kadósch", d.i. heilig - "Kadesch", der Hurer, und die Heiligen statt "Kadoschim", "Kedeschim", d.i. Hurer, und "Pegarim methin", die krepierten Äser genannt. Dasselbe bestätigt auch der gelehrte und getaufte Jude Hieronimus de St. Fidé in seinen "Sibri duocontra Judaeos", und zwar im 2. Buche und 5. Kapitel.

Den christlichen Glauben heißen die Juden "Emumàth Talui", d.h. die Religion des Gehängten, wie dieses Rabbiner Lipmann in seinem "Sepher Nizzachon", Nürnberg 1644, Nr. 350, S. 194, selbst gestehen muß.

Rab. Isaak ben Abraham, in seinem "Chissuk emunah", S. 468, nennt den christlichen Glauben "Dat haschakrùth" und "Emunà haccoseveth", d.i. den verlogenen, den falschen Glauben, und zwar mit Hintansetzung jeder grammatikalischen Regel, "tófel emuna" statt "èmuna teféla", d.i. den abgeschmackten Glauben.

Die christliche Geistlichkeit wird von den Juden, wie man in des Rab. Elias "Tischbi" auch "Sepher hattischbi", Basel 1601, Fol. 44, Col. 2, findet, "Cumarim" genannt, d.i. Priester der abgöttischen Religion. Auch werden die katholischen Geistlichen "Gallachim", d. i. die Geschorenen, tituliert.

Warum die katholische Geistlichkeit eine Tonsur trägt, bekehrt uns das teuflische, Jesus den Herrn auf das Empörendste lästernde Buch "Toledoth Jeschu", Altdorf 1681, S. 21. - "Als Jesus, von Juda in einem Garten am Flußufer begraben, dann aber wieder ausgegraben, an ein Pferd gebunden und geschleift wurde, so sind ihm bei dieser Gelegenheit die Kopfhaare ausgerissen worden, und zur Erinnerung an diesen Unfall müssen jetzt die katholischen Priester sich auch eine Glatze am Kopfe ausscheren".

Der bekehrte Jude, Friedrich Samuel Brentz, in seinem Werke "Jüdischer abgestreifter Schlangenbalg", Augsburg 1514, zitiert das Obenangeführte in einer anderen Fassung. Er sagt nämlich: "Als Jesus den Schem hamphorasch im Tempel gestohlen und wieder in den Lüften zu fliegen begonnen hatte, so nahmen die Rabbiner allsogleich einen Juden, schrieben auf seinem Rücken den Schem hamphorasch und schickten ihn aus, Jesum zu fangen. Der Jude, welcher Jehuda gannai hieß, flog sogleich in die Lüfte, p..... so lange auf Christum, bis derselbe auf die Erde herabstürzte und in einem Winkel daselbst liegen blieb. Als ihn das Volk erblickte, wollte es ihn wieder haben; aber die Juden packten ihn bei den Haaren, zogen ihn zu sich und rissen ihm bei dieser Gelegenheit die Kopfhaare aus, weshalb jetzt die Juden unsere Priester "Gallaschim" heißen.

Rab. Mosche Henoch, in seinem Werke: "Der Brandspiegel", auch "Sepher hammareh" genannt, im Jahre 1602 zu Basel und 1677 zu Frankfurt a. M. gedruckt, im 18. Kapitel, Fol. 68, Col. 2, nennt die christlichen Kirchen "Toëfoth", d.i. ein Greuel, und Rab. Salomon ben Virga, in seinem "Schewet Jehuda", Amsterdam 1655, nennt sie "Béth toëfoth", d.i. ein Haus des Greuels. Rab. Mosche bar Majemon, in seinem Kommentar über die Mischna des talmudischen Traktates Avoda sàra, Fol. 78, Col. 4, nennt die christlichen Kirchen "Beth Avoda sara", d.i. ein Haus der Abgötterei.

Im talmudischen Traktate Temura, Fol. 128, Col. 2, in des Rab. Salomon Jarchi Auslegung des Wortes "Beth carja", wird die christliche Kirche "Beth hakkisse", d.i. der Abtritt genannt. Dieses bestätigen auch getaufte Juden, nämlich:

1) Johann Adrian von Embden, in seinen "Send- und Warnungsschreiben an alle hartnäckigen Juden" Wittenberg, 1610, S. 29.

2) Philipp Johann Bleibtreu, in seinem "Erleuchteten Meir". Frankfurt a. M. 1687, S. 61.

3) Dietrich Schwabe, in seinem "Jüdischen Deckmantel". Köln 1616, am Anfange des 7, Kapitels.

4) Friedrich Samuel Brentz, in seinem "Jüdischen abgestreiften Schlangenbalg". 2. Kap. S. 21.

Derselbe Samuel Brentz sagt weiter S. 22: "Wenn ein Bar Israel - ein Jude - eine verfallene Toöfa - christliche Kirche - erblickt, so muß er allsogleich das folgende Gebet hersagen: "Gebenedeiet sei Gott, der hier diese Kirche zerstört hat, so sollen auch alle übrigen Kirchen zerstört werden".

In dem von einem unbekannten Autor verfaßten Buche "Col bò", Venedig 1547, welches von den jüdischen Satzungen und ihren Rechten handelt, Fol. 98, Col. 2, Nr. 87, heißt es: "Wenn der Jude eine christliche Kirche, Beth avodá sára, erblickt, so muß er gleich sagen: "Der Herr wird das Haus der Hoffärtigen ausrotten".

In Rab. Mosche bar Majemon seinem "Sepher Mizvoth", dem Gebote der 613 Gebote, Amsterdam 1660, Fol. 72, Col. 4, heißt es: "Im 185. Gebote hat uns Gott anbefohlen, die Abgötterei und alle abgöttischen Kirchen auf alle erdenklichhe Weise zu vertilgen. Mag es mittels des Abtragens, des Abtrennens oder des Niederreißens geschehen, überhaupt wie es nur am leichtesten und am schnellsten geschehen kann! Der Zweck ist ja nur, daß wir selbst die Spur derselben vertilgen".

Rab. Mattatja sagt in seinem "Sepher Nizzachon", in der Auslegung des Propheten Jesaias 5, 8: "Weh Euch, die Ihr das Unrecht mit den Stricken der Eitelkeit ziehet". Das sind die Seile, womit sie – die Christen – die Glocken in dem Hause ihrer Greuel – in der Kirche – zum Dienste ihres Gottes ziehen, wenn sie damit läuten.

Der bekehrte Victor von Carben sagt in seinem "Judenbüchlein" Kap. 17, daß die Juden, wenn sie das Läuten in unseren Kirchen hören, also gleich sprechen: "Moschesch bachéfel, jipol basélef, bachefél moschesch, jipol bachoschech", der an dem Seile ziehet, der falle in den Kot, der an dem Seile ziehet, der falle in die Finsternis der Hölle".

Das Taufwasser wird von dem Juden "Me haschemed", d.i. das Vertilgungswasser oder das Wasser des Verderbens, genannt.

Rab. Jeschaja in seiner theologisch-moralisch Abhandlung "Schene luchoth habberith", Amsterdam 1653 und Wilmersdorf 1686, Fol. 280, Col. 2, lehrt: "Obwohl die übrigen Völker der Welt die Gestalt der Israeliten haben, so kann man sie im Vergleiche zu den Menschen, - d. i. den Juden - doch nur für Affen halten.

Rab. Joseph Karro in seinem "Schylchan Aruch", der von den jüdischen Rechten und Satzungen handelt und in vier Teile: Orach hajim, Coschen hamischpat, Jore dea und Even haeser eingeteilt wird, Amsterdam 1661, in dem Teile Jore dea, Nr. 158 und in dem Teile Jocher hammischpat, Nr. 425, § 5, Fol. 484; Rabi Mosche bar Majemon in seinem Buche "Jad chasàka" oder "Mischnéh Thóra", einer Sammlung aller Satzungen und Rechte, welche im Talmud vorkommen, Venedig 1574, Kap. 4, § 11, Fol. 19; der Prager "Machsor", im zweiten Teile, bei der Auslegung des Gebetes: "Avi col coseh", Fol. 34 und Rab. Ismael in seiner "Mechilla", einem Kommentar über einen Teil des zweiten Buches Mosis, Venedig 1556, Fol. 11, Col. 1, lehren: "Tow Schebagojim harog" d. i. "Den Besten unter den Gojim töte!"

Rab. Bechai, in seiner Auslegung der fünf Bücher Mosis, in der "Parascha Mezora", Fol. 136, lehrt: "Alle Gojim sind Kinder der Unreinen und sind also "chiawin kereth", d.i. "wert, daß sie ausgerottet werden".

In den Festtags-Gebetbüchern, der Prager "Selichot", 1587, Fol. 10, Col. 1, 2, der Frankfurter "Selichot", 1665, Fol. 10, Col. 2 und in der dicken "Tephilla", Frankfurt a. M. 1688, Fol. 2, Col. 3, 4, findet man ein Gebet, welches die Juden sechs Tage vor Neujahr zu beten pflegen, und dieses heißt: "Dein Volk Israel, welches in Angst ist und der Rettung bedarf, betet zu Dir. Ihre Feinde halten sie schon lange im Joche. ... Befange ihren Rat mit Torheit und lasse ihre Gedanken zu Nichte werden. Schicke über sie eine namenlose Angst und Deinen grausamen Engel, damit er sie vertreibe und hinstoße. ... Lasse ihre Räte und Fürsten wahnsinnig werden, und gehe mit ihnen um, so wie sie mit uns verfahren. ... Deine Barmherzigkeit, o Du Gott der "oberen und unteren" – Kreaturen – komme mir vor, ehe mich das "Hoffärtige Wasser" überschwemme."

In der Prager "Selichot", Fol. 71, Col. 2 und in dem Frankfurter "Selichot", Fol. 71, Col. 1 und 2 findet sich ein Gebet unter der Aufschrift; "léeref jom kippurim", welches die Juden am Abende des Versöhnungstages zur Vernichtung der Christen anstimmen; das Gebet fängt mit den Worten an: "El Eloliim ezaka bemillulai" und heißt: "Gott möge die Eruthäer" so werden die Christen von den Juden auch genannt – "und ihre Fürsten mit einem großen Kriege heimsuchen. Er lasse eine sechsmonatliche Finsternis über die kommen, damit sie mit der Seuche der Geschwüre gequält würden. Er schlage sie mit Blattern und strafe sie mit seinem Zorne und Ingrimme. Will er seine Rache ausüben, so erhebe er in "Bozra" – so nennen die Juden die Stadt Rom – einen Aufstand, damit der König gestürzt werde. In seinem Grimme möge Gott das Haupt – das römische – niederwerfen und dadurch das Heil seiner Geliebten – der Juden – erwecken. Der Herr wird ihnen die Barmherzigkeit nicht entziehen!

Am siebenten Tage des Laubhüttenfestes gehen die Juden sieben Mal um den Almenor herum – ist ein erhabener Platz in der Synagoge, der Kanzel nicht unähnlich. Rab. Bechai, in seinem "Cad hakkemach", Venedig 1546, Fol. 51, Col. 4, und Fol. 52, Col. 1, sagt darüber Folgendes. "Künftighin wird die göttliche Majestät wieder in das Haus des Allerheiligsten" – also in den Tempel nach Jerusalem – "kommen und die Eigenschaft als Richter Israels, welches sie geängstigt und in die Dienstbarkeit gebracht haben – sich vorbehalten. Das Herumgehen um den Almenor, welches von uns jeder Zeit vollzogen wird, ist ein Zeichen der Zukunft und eine Vorbedeutung, daß die Mauern Edams zusammenstürzen und daß die Christen vergehen und gänzlich ausgerottet werden."

So der ungenannte Verfasser in der "Deutschen Landeszeitung."

Derselbe macht zu diesen Anführungen noch die folgende Bemerkung:

"Wir glauben hiermit die feindliche Stellung der Juden klar und aktenmäßig dargelegt zu haben, um unser obiges Verlangen vollkommen zu rechtfertigen und uns der Hoffnung hingeben können, daß die Vertreter der 43 Millionen Christen Deutschlands unmöglich so schwere Anklagen, wie sie hier den Juden gemacht wurden, stillschweigend der Vergessenheit übergeben werden wollen! Weil aber die Juden, leider, so störrig an dem Grundsatze: "Si fecisti nega, est prima regula juris" halten, und wir überzeugt sind, daß die Juden und Judengenossen uns sogar der Verleumdung zeihen und die hier angeführten Beweisstellen teils gänzlich ableugnen, teils als schlecht übersetzt oder aber für sie unverständliche, aus dem Kontexte herausgerissene Sätze erklären werden, so fühlen wir uns, um diesen banalen Phrasen vorzubeugen und sowohl den jüdischen Herren Abgeordneten, als auch unserer Ehre gerecht zu werden, verpflichtet: zu bitten, man möge zur Schlichtung dieses Streites eine Kommission niedersetzen, bestehend aus einigen Rabbinern und andererseits in der hebräischen Sprache und Literatur bewanderten Christen, damit sie unsere Zitate mit dem Talmud und den Talmudserklärern vergleichen und die Richtigkeit derselben konstatieren. Daß in den Kreis jener Erwägungen eine weitere Blumenlese talmudischer Gesinnungen mit hineingezogen werden müßte, versteht sich von selbst."

Nächst den bereits zitierten Werken über den Talmud sind an dieser Stelle noch zu nennen:

Andrä Eisenmenger: "Entdecktes Judentum, oder gründlicher und wahrhafter Bericht usw." Frankfurt a. M. 1700. Über Geschichte und Inhalt des Buches ist bereits referiert worden.

Christianum Gerson und von Recklichhausen, geb. Juden und getaufte wiedergeborene Christen. "Des jüdischen Talmuds fürnehmster Inhalt und Widerlegung usw." J. H. Kloß, Leipzig 1729.

Johannis Buxtorsi. Synagoge Judaicà. Paul Kraußen, Leipzig 1729.

Joseph von Obernberg und Major von Bretzfeld. Der Kultus der Juden. Franz Storno, München 1813.

Der Talmud. Von Cholewa Pawlowski. Regensburg 1866.

Die Sittenlehre des Talmud und der zerstörende Einfluß des Judentums im Deutschen Reich. – Dritte, mit Zitaten und Belegen stark vermehrte Auflage. Berlin 1876. Verlag von M. A. Niendorf. – 230 Seiten stark. Preis 2 Mark.

XXII.

Eine der Eisenmenger-Rohling'schen durchaus entgegengesetzte Anschauung von dem Inhalte des Talmud erhält man, wenn man die jüdischen Verteidigungsschriften derselben lieset. Wir zitieren einige uns bekannte Schriften dieser Art:

"**Die Prinzipien des Judentums**, verglichen mit denen des Christentums, zur Abwehr der neuen judenfeindlichen Angriffe von *Dr. Emanuel Schreiber*. Leipzig, Baumgarten."

Ein dickes Buch von 252 Seiten, voll hebräischer Gelehrsamkeit. Der Verfasser ist ein Rabbiner zu Elbing. Er rezitiert aus dem Talmud Tausende von Sinnsprüchen, gegen deren Schönheit nichts einzuwenden ist. Nach Schreiber soll Christus seine Bergpredigt und seine Lehren aus der talmudischen Agada geschöpft haben.

So lesen wir Seite 78: "Jesus hat seine Gleichnisse meist aus dem Talmud geschöpft." Ferner: "Es ist also gar kein Zweifel, daß die Evangelien vom Geiste der Agada stark infiziert sind, und daher in jener, wie in dieser notwendiger Weise *Gutes wie Schlechtes, Gereimtes und Abgeschmacktes* vorkommt. Es ist daher ... ebenso ungerecht wie unpolitisch mit den Aussprüchen der Agada .... gegen das Judentum zu Felde zu ziehen, da sie dann konsequenterweise auch das Neue Testament angreifen müßten ..." – "Schlechtes und Abgeschmacktes" ist indessen im Neuen Testamente nicht enthalten. Stellen, wie sie Rohling aus der *Agada* zitiert, würde man absolut vergebens im Neuen Testamente suchen.

Seite 80 behauptet er: die Lehre von der Dreieinigkeit, auf Seite 83 von der Erbsünde, der Vergeltungslehre (Seite 88), die geistige Wiedergeburt (Seite 91), alle christlichen Sakramente (Seite 93 ff), Alles, Alles sei schon im Talmud enthalten, sei von ihm gelehrt und von Jesu nur entlehnt. –

Hr. Schreiber sagt weiter 109: "die meisten Gleichnisse Jesu finden sich in den rabbinischen Schriften, woraus zur Evidenz hervorgehe, daß Jesus nur ihr Schüler war." Er versucht aber später den Beweis und beweist doch nur echt rabbinisch, daß einige talmudische Gleichnisse zwar eine entfernte Ähnlichkeit haben, wie z. B. ein Märchen mit dem andern, weil beide damit anfangen: "Es war einmal ein König," aber tatsächlich kann er kein einziges von Christi Gleichnissen als schon im Talmud befindlich vorführen, nur eine dreifache Version von der Einladung zum Abendmahl erinnert an einen oberflächlichen Anklang. Seite 118 sagt er: "das Christentum ist nichts anderes, als eine Phase der Entwicklung des Judentums." Wie er aber selbst in seinem vollen rabbinischen Selbstbewußtsein über das Christentum und Christus urteilt, darüber liest man Seite 121 folgendes: "Zur Widerlegung (!) der Ansicht, daß Jesus ein Schwärmer oder gar Betrüger gewesen wäre, sagt Strauß so viel wie nichts." Ferner Seite 123: "Will man einen tiefern Einblick in die Entstehung des Christentums bekommen, so muß man auch den Mut haben, mit dem Vorurteil über die Pharisäer zu brechen. Sie waren nicht "Scheinheilige", sondern vielmehr eine politische Partei des nationalen Bürgertums," – (Seite 125) natürlich liberalen Gepräges, denn er stellt ihnen zum Gegensatz die Sadduzäer als aristokratische Konservative auf. (das.) Endlich Seite 131 u. ff erfahren wir: "Da trat wiederum ein Mann auf in Galiläa, einem Lande, welches von ungebildeten, naturwüchsigen Landleuten bewohnt, stets die fruchtbarste Pflegestätte abergläubiger Schwärmerei gewesen ist. Hatte Johannes bloß zur Vorbereitung für das kommende Himmelreich aufgefordert, so hatte dieser Mann die Zuversicht (!) und den Mut, es auszusprechen: Die Zeit ist schon erfüllt, das Himmelreich ist schon gekommen. Dieser Mann war Jesus von Nazareth. ... Er war ein Mann von tiefer Innerlichkeit mit einer seltsamen Mischung von Verstandesklarheit, Geistestrübung (!) und Schwärmerei, wie wir sie häufig finden. ... Er war ein pharisäischer Jude mit Galiläischer Färbung, ein Mann, der die Hoffnung seiner Zeit teilte, der mit gleicher Selbstsicherheit als "Messias" auftrat. Solche Männer können (!) dabei vollkommen ehrlich sein. ... (Seite 133.) Was Wunder, wenn sich der Kern der einsichtsvollen besonnenen Bürgerschaft von dem neuen "Messias" fernhielt und die verachtetste Volksklasse, die galiläischen Gehilfen der Regierung, Zöllner usw. sich ihm anschlossen. Hier sonderte er sich vom Phariäismus (Nationalliberalismus!) ab und wurde ein Vertreter des Demokratismus – etwa nach Art der jetzigen Sozialisten. Was Wunder, wenn ihm als offenem Umsturzmann die Herodianer, Pharisäer usw. erbitterte Feinde wurden?!!! Ebenso wird Paulus beurteilt, dessen Übertritt nur aus Abweisung seiner Liebe zu einer Hohenpriestertochter (S. 135) indirekt motiviert wird.

Ein ganz ähnliches Buch, wie das Schreiber'sche ist in *Brünn* erschienen und führt den Titel:

"Die Moral der Evangelien und des Talmud" von *Dr. M. Duschak*. (Bernh. Epstein.)

Die Einleitung besagt, daß es geschrieben sei gegen das scheußliche Buch des Dr. Rohling, dessen Farbe blutrot sei. "Blutrot ist die Farbe des Blutdurstes und der Demokratie." Es behandelt in gleicher Weise die ganze Evangeliengeschichte mit ihren Sprüchen und Gleichnissen als mit Stellen im Talmud verwandt, wo nicht daraus entstanden. Sonst sagt er wörtlich:

"Wenn aber der Herr Professor die verderbte und verderbende Sittenlehre der Talmudjuden aus dem Talmud beweisen will, so behaupten wir hiermit, daß er den Talmud als Quelle seines Studiums gar nicht zu Rate gezogen, daß er den Talmud gar nicht versteht, und wie zu vermuten, gar nicht zu lesen vermag, daß er aus alten, längst als Unsinn gebrandmarkten Scharteken, z. B. Eisenmenger, aus dem Zusammenhange gerissen, falsch übertragene Zitate erbettelt und als frischen Kohl aufgewärmt hat. Auch hat der Verfasser keinen Begriff vom Geiste des Talmud usw."

Über den Talmud. Populär-wissenschaftlicher Vortrag, gehalten am 9. Dez. 1874 in Würzburg, von *Ludwig Stern*, Schuldirektor. Stahel's Verlag, Würzburg 1875.

Ein Buch eigener Art ist das Folgende:

"Der alte und der neue Glaube im Judentum." Kritische Streiflichter über die Religion Israels nebst einem Anhang über den Talmud. Von Dr. William Rubens. – Zürich. Verlagsmagazin (J. Schabelitz) 1878.

William Rubens ist ein Reformjude, der sich gegen die noch geltenden jüdischen Satzungen und Gebräuche wendet, als total hinderlich dem Zweck, daß "die Religion Israels nach dem Geiste mit der Religion der Humanität identisch werde." Er kritisiert nun in 30 Kapiteln alle Satzungen und Gebräuche des Judentums und man ist buchstäblich erschrocken über die erdrückende Fülle von Vorschriften und Satzungen, die über jede, auch die unbedeutendste und gewöhnlichste Handlung des Juden existieren. Das Buch gibt eine lichtvolle Darstellung von dem grenzenlosen Pharisäismus, der, wie in keiner Kirche, Glauben und Leben ihrer Bekenner umstrickt hält. Und dies alles hat sich, wie Rubens nachweist, direkt aus dem Talmud entwickelt. –

So weit wir uns bis dahin über die Talmudmaterie zu orientieren im Stande waren, sind Eisenmenger und Rohling allerdings im Recht, obgleich sie nur *eine* Seite der Talmudliteratur zu unserer Kenntnis brachten. – Wie wir schon wiederholt hervorhoben, fehlt es an einer genügenden autoritativen und für größere Kreise zugänglichen neuern Behandlung des schwierigen Stoffes von christlicher Seite.

XXIII.

Eine besondere Erwägung ist die Frage zu widmen, ob gewisse Eigentümlichkeiten des heutigen Judentums sicherst im Laufe des Mittelalters durch die demselben gewidmeten spezifische Behandlung sich herausgebildet haben, oder ob diese Eigentümlichkeiten dem jüdischen Nationalcharakter schon früher inhärent gewesen sind. Unter diesen Eigentümlichkeiten nennen wir vorläufig besonders: eine unvertilgbare Vorliebe und hervorragende Befähigung für *Geld- und Handelsgeschäfte*, überwiegende Neigung zum *Wucher*, ferner eine hervorragende Neigung auf dem Wege der List und *Bestechung* zu seinen Zwecken zu gelangen und sodann auch in den untern Schichten des Judentums eine starke Neigung selbst auf dem Wege des kleinen *Diebstahls* und der *Hehlerei* Eigentum zu erwerben.

Schon das alte Testament dürfte für die letztern der beiden Auffassungen sprechen. Ist nicht die Art und Weise, wie der Erzvater Jakob den Segen seines Vaters erlistet (I. Mos. 27) und das ganze Verhalten Jakobs in mehr als einer Beziehung typisch? Ist nicht auch typisch, daß die Kinder Israel bei ihrem Auszuge aus Ägypten den Landeseingesessenen ihre goldenen und silbernen Gefäße stahlen? (II. Mos. 12, 35 u. 36.) Ist nicht der Tanz um das goldene Kalb typisch? Ist nicht die ganze spätere jüdische Geschichte für die Eigenschaften des heutigen Judentums typisch?

Daß die Juden schon zur Römerzeit und früher sich überwiegend den Geld- und Handelsgeschäften gewidmet, ist genugsam konstatiert. Unter den römischen Ansiedlern in Deutschland waren die Juden ganz, wie heute, vorzugsweise reich und begütert durch Handel. Sie bildeten schon damals eine Art von Geldaristokratie, welche, wie heute, ihre Villen am Rhein und an der Mosel besaß.

Daß die Behandlung der Juden im Mittelalter eine *unchristliche* gewesen, haben wir schon wiederholt betont und wir wiederholen auch hier wieder, daß es absolut unchristlich war, den Juden inmitten der Christenheit solche Geldgeschäfte zu gestatten, welche den Christen selbst als unchristlich verboten wurden. Aber es dürfte jetzt schon als erweisbar und erwiesen anzusehen sein, daß die überwiegende Neigung der Juden für Geld- und Handelsgeschäfte nicht erst im Laufe des Mittelalters sich gebildet hat.

Mit der ganzen Weltstellung der Juden im engsten Zusammenhange steht nicht nur ihre Vorliebe für das Geld, sondern auch ihre Neigung, durch Geld alle ihre Zwecke zu fördern und ihre Ziele zu erreichen. Wenn eine so kleine Minorität herrschen will, so kann sie es nicht durch Recht oder Gewalt, sondern nur durch List und Geld. Die grundsätzliche Tendenz, durch *Bestechung* zu wirken, ist hiernach beim Judentum leider erklärlich. Die "Korruption" ist hier System.

Schon mit der Erwerbung der jüdischen Tempelschätze scheint es oft auf eine eigene Art zugegangen zu sein. Josephus erwähnt u.a. "immensam vim auri et argenti congestam in templem ab omni Asia et Europa (Josephi Hisl. Libr. XIV. Kap. 12) und *F. Buchholz* in seiner Schrift: "*Über das intellektuelle und moralische Verhält-*

nis der Juden und Christen" bemerkt dazu: "daß die letzteren durch Wucher und Schacher das bare Geld durch ihre Emissäre in allen Teilen des römischen Reichs an sich gebracht und für alle Staatsdiebe des ungeheuren Römereiches und der Bedingung Asyl in Jerusalem eröffnet, daß sie sich beschneiden ließen und einen bestimmten Teil ihres Diebstahls in den Staatsschatz, dessen Depot im Tempel, gelegt hatten."

Daß die Juden schon lange vor der Zerstörung Jerusalems ein im ganzen Römereiche zerstreutes, aber nach dem Zeugnis des Tacitus (Anm. Buch V.) doch eng zusammenhaltendes Element bildeten, mit welchem die Staatsmänner rechnen mußten, haben wir schon erwähnt. Sie waren *geldmächtig* und wurden den Römern durch ihre Geldmacht lästig. Das war vermutlich der Hauptgrund, welcher den edlen und milden Titus bewog, so hart gegen Israel zu verfahren.

Im Mittelalter waren die Juden *anfangs* keineswegs schlecht behandelt, sondern anfangs allenthalben gut aufgenommen. Erst als ihre Neigung zum Wucher usw. gefährlich wurde, hat man sie gedrückt. *Mohammed* sagt z. B. in der vierten Sure des Koran: "Den Juden haben wir ihrer Ungerechtigkeit wegen manches Gute verboten, was ihnen früher erlaubt war, weil sie weit abweichen von der Religion Gottes und *Wucher* nehmen, was ihnen doch verboten, und das Vermögen anderer Menschen ungerechter Weise aufgezehrt haben." Das war im 7. Jahrhundert.

Im Jahre 806 warnt z. B. *Karl der Große*, "daß die Bischöfe, Äbte und Äbtissinnen auf die Kirchenschätze besser Acht haben sollten, weil es unzuverlässige Schatzmeister gebe, von denen die Juden durch Geld alles erhalten könnten, was ihnen beliebte."

In Deutschland erhielten die Juden sogar später das *privilegierte Vorrecht der Diebeshehlerei*. Noch nach der Publikation der peinlichen Halsgerichtsordnung haben die Juden das Recht behauptet, die von ihnen erkauften gestohlenen und geraubten Güter und Sachen nicht eher herauszugeben, bis ihnen dafür das ausgelegte und bezahlte Kaufgeld erstattet worden. (Siehe Oehlenschläger: "Erläuterungen der goldenen Bulle", S. 195.) Der Schwabenspiegel § 8 berichtet über die ehemalige Erwerbung dieses Privilegii: "Kauffet der Jud auf diebes oder raubiges Gut, er muß davor antworten als ein Christenmann; und leidet ein Jude auf diebes und raubiges Gut und kommt jener darnach als recht ist, er soll ihm sein Gut wiedergeben, mit recht, als einen Christen, diß ist recht. Nun haben sie aber besser Recht erkaufft, das haben ihr die Könige geben wider Recht, daß sie leihen auf diebig und auf raubig Gut." Ebenso mußte den Israeliten in Deutschland dieses Vorrecht erst durch die Pol. Ordn. von 1577 Titel XX. entzogen werden, nämlich, daß sich auch die Juden der gestohlenen oder raublichen Hab und Güter zu kaufen enthalten, oder so die hinter ihnen befunden, dieselbe denjenigen, denen sie zuständig und dasselbe dartun würden, ohne alle Entgeltnis, wieder zugestellt, und gefolgen lassen sollen usw." In Frankfurt a. M. hatten sie bis zu Ende des deutschen Reiches diese privilegierte Diebeshehlerei ausgeübt (Schlosser Diss. de banno Judaeorum sec. Leges moeno-Francofurtenses quo res emissae et furto ablatae restituto pretio recuperantur Altorf, 1752).

Bemerkenswert in dieser Beziehung sind u.a. auch die Forschungen des königlich bayerischen Schulinspektors Thomas Friedrich *Oertel* in seinem Buche: "*Was glauben die Juden?*"Der ernste Theologe behauptet S. 77: "Die Juden haben nach Raschi Avod Sara das Sprichwort: "Wenn der heidnische Richter etwas hat, so versöhne ihn mit Geld." Jüdische Richter mit Geld zu gewinnen, ist ihnen verboten, weil Geld blind macht; aber heidnische oder christliche Richter mit Geld zu gewinnen, halten sie für ihre Pflicht." In dem Buche der *Antonius Margarita* und in des *Ferdinand Heß* "*Judengeißel*" steht folgendes: "Ein einziges Judenhaus in einem Dorfe oder Flecken bringt einem Richter mehr ein, als zwanzig andere Häuser. Denn wir Juden richten und stillen alle Dinge mit unserem Gelde – wir führen alle Dinge aus, sie seien krumm oder gerade. – Wir können die hellen Augen der Könige, Fürsten und Herren und ihrer Amtsleute so verblenden, daß wir die schelmischen Christen betrügen, aussaugen und verderben ...", daß es nicht allein auf die in die Kreise verteilten Einzelrichter, sondern vielmehr auf die angesehensten Justizbehörden von der eingewanderten orientalischen Geldkaste abgesehen wurde, um in den europäischen Ländern zunächst festen Fuß zu fassen, ist erklärlich. Daß es ihnen gelingen konnte, beweist er Fall mit *Nathan Aron, Wetzlar* genannt, in *Möser's* "*Reichs-Staatshandbuch*", Tl. I. Seite 682. Jener Jude hatte in Wetzlar und Frankfurt a. M. einen sehr schlau eingerichteten Handel mit den Bescheiden und Sentenzen des Reichskammergerichts etabliert. Nach dem Betrage des Objekts mußten ihm für die Urtel 2 - 8000 Gulden bezahlt werden. Er selbst bestimmte natürlich den Preis und so erwarb er ein Vermögen von 400 000 Gulden. Endlich wurde sein schändliches Gewerbe entdeckt und am 10. Juni 1774 ein Urtel wider ihn publiziert, worin er wegen Justizmäkeleien und getriebenen Justizhandels auf ewig vom Wohnsitze des Reichskammergerichts verwiesen, zu 232 145 Gulden Strafe und sechs Jahren Festung verurteilt wurde. Auch insofern ein interessanter Urteilsspruch, als aus ihm hervorgeht, daß das Reichskammergericht gegen die Verführungskünste des Juden nur durch Entfernung desselben sicher gestellt werden konnte. Von überwältigender Kraft müssen jene freilich sein, wenn man in dem Buche: "*Verhältnis der Juden zu den Christen in den deutschen Handelsstädten*", S. 90 liest: "Daß 1818 eine Landstadt, sie und das Kloster daselbst, sogar der Regent, wider die dortige Ansiedlung eines Israeliten war, und dennoch ist sie endlich durch – Bestechung möglich geworden."

Der preußische Minister *Freiherr von Stein* sagte über die Neigung der Juden, durch Geld zu wirken, folgendes (Pertz' "Leben d. Freih. v. Stein" Bd. II, S. 284):

"Aber die Mißbräuche bei allen Behörden (Preußens) gingen, wo es Juden betraf, so weit, daß Befehle und Verordnungen beinahe gar nicht mehr wirkten, sie erlaubten sich alles, sobald Juden mittelbar oder unmittelbar dabei im Spiele waren, der jüdische Einfluß erstreckte sich äußerst weit, die Juden wurden daher immer frecher und berühmten sich, Kriegs- und Steuerräte bestochen zu haben."

Ein andermal (s. a. Bd. I. S. 321) sagt Freiherr von Stein von den Juden: "Daß ihre List, Beharrlichkeit, Zusammenhang und Mangel an Ehrgefühl, wenn nur ihre Habsucht befriedigt wird, in jedem Staate verderblich ist und besonders nachteilig auf den Beamtenstand wirkt."

Eine hier zu berührende Tatsache ist u.a. auch die, daß Juden an *Lieferungsgeschäften für Heeresbedürfnisse* in Kriegs- und Friedenszeiten ganz unverhältnismäßig großen Anteil zu nehmen und dabei ganz außerordentliche Gewinne zu machen scheinen.

Dieses System, das Geld anzuziehen und mittelst desselben, d.h. wesentlich durch Korruption zu regieren, hat seine umfassendste und feinste Ausbildung im *Aktienunwesen* gefunden. Das ganze Aktienwesen mit der daran klebenden Agiotage und dem Gründungsunfug scheinen wie expreß darauf angelegt, nicht nur möglichst große Kreise der Bevölkerung in die goldenen Netze zu verstricken, sondern auch mit fetten Gründungsbeteiligungen und Verwaltungsratstantièmen einflußreiche und leitende Persönlichkeiten an das System der jüdischen Weltregierung zu fesseln.

Ganz außerordentlich treffend läßt Goethe in seinem "Jahrmarktfest zu Plundersweilern" den *Haman* zu *Ahasverus* über die Juden sagen:

. . . . sie haben einen Glauben

Der sie berechtigt, die Fremden zu berauben

Und der Verwegenheit stehn Deine Völker bloß;

O König säume nicht, denn die Gefahr ist groß.

Der Jude liebt das Geld und fürchtet die Gefahr,

Er weiß mit leichter Müh und ohne viel zu wagen

Durch Handel und durch Zins Geld aus dem Land zu tragen.

Das ließe sich vielleicht auch noch verschmerzen,

Doch finden sie durch Geld den Schlüssel aller Herzen

Und kein Geheimnis ist vor ihnen wohl verwahrt.

Mit jedem handeln sie nach einer eignen Art,

Sie wissen Jedermann durch Borg und Tausch zu fassen;

Der kommt nie los, der sich nur einmal eingelassen;

Und von *dem* niedern Volk, das in der Irre wandelt,

Wird Recht und Eigentum, Amt, Rang und Glück verhandelt;

Es ist ein Jeglicher in Deinem ganzen Land

Auf ein' und andere Art mit Israel verwandt.

Man sieht, daß der große Dichter und Minister auch in Betreff der Judenfrage überraschend gut informiert war.

XXIV.

Seit der ersten französischen Revolution ist im Verlaufe der letzten 80 Jahre in fast allen europäischen Staaten das Judentum "emanzipiert" worden, d.h. man hat die Juden den übrigen Staatsbürgern gleich gestellt. Rußland und Rumänien machten neben der Türkei die einzigen Ausnahmen.

Leider hat man die Mittel, mittelst deren ein statistischer Nachweis über die Wirkungen der sogenannten "Emanzipation" hätte geführt werden können, nicht nur nicht gesichert, sondern meist aus dem Wege geräumt. Wir haben bereits angeführt, daß in Preußen die Statistik über die Betätigung der Juden in den verschiedenen Beschäftigungsarten seit 1862 (Ministerium v. Schwerin) abgeschafft ist. Im Anfang der 70er Jahre verschwand auch aus den Steckbriefen die Bezeichnung der Konfession, beziehentlich Religion. Daß in der Zeit des großen Börsen- und Aktienschwindels von 1870 bis 1873 die Juden eine überwiegende, leitende Stellung einnahmen, daß sie an der Spitze dieser großen finanziellen Schwindelbewegung marschierten, ist genugsam nachgewiesen. Daß sie auch zu dem Konto der Bankrottierer, und der mit Hinterlassung großer Wechselschulden oder Kassendefekte in jener Zeit so zahlreich durchgehenden Direktoren usw. ein *sehr* erhebliches Kontingent stellten, ist aufmerksamen Beobachtern nicht entgangen, doch läßt sich leider Statistisches darüber nicht mitteilen.

Namentlich die Erfahrungen jener großen Schwindelperiode von 1870 - 73 und der seitdem folgenden "Entgründungen", haben die öffentliche Aufmerksamkeit wieder auf die Stellung hingelenkt, welche die Juden unter uns einnehmen und es ist seitdem eine wachsende *antijüdische Bewegung* in Deutschland entstanden, welche seit einiger Zeit eine zunehmende Zahl von Broschüren über die Judenfrage und seit November 1879 auch eine von *W. Marr* redigierte antisemitische Monatsschrift *"Die deutsche Wacht"*, ins Leben gerufen haben.

Die von *Niendorf* redigierte *"Deutsche Landeszeitung"* widmete seit 1872 der Judenfrage konstante Aufmerksamkeit. *Otto Glagau* hat in seinen bekannten Arbeiten über den *Gründungsschwindel* die Beteiligung der Juden scharf hervorgehoben und sich als ein Gegner des Judentums hervorgetan.

Seit Herbst 1879 hat man auch mit öffentlichen Vorträgen über die Judenfrage begonnen. Namentlich haben zwei in Berlin vom Hofprediger *Stöcker* gehaltene und im Buchhandel erschienene Vorträge über die Judenfrage großes Aufsehen gemacht und Herr Stöcker höchst gehässige Anfeindungen eingetragen. Ferner haben auch *W. Marr* in Dresden, Herr *Dr. Grousseiller* und der Privatdozent *Dr. Düring* in Berlin die Judenfrage in öffentlichen Vorträgen behandelt. – *W. Marr* hat durch seine Broschüre: *"Der Sieg des Judentums über das Germanentum"* diese antijüdische Bewegung lebhaft angefacht und es ist in Berlin auch zur Gründung eines "Antisemitenvereins" gekommen.

Gleichzeitig spielte sich in *Rumänien* eine neue Auflage der rumänischen Judenfrage ab. Als 1878 der *Berliner Kongreß* tagte, erschienen in Berlin Delegierte der *"Alliance Israelite"*, welche nach jüdischen Behauptungen nur ein "Wohltätigkeitsverein" ist und setzten es durch, daß Rumänien nur unter der Bedingung als selbständiger Staat anerkannt werde, daß die Juden dort "emanzipiert" würden. Die "Alliance Israelite" bediente sich auf dem Kongreß hierzu der Vermittlung des französischen Ministers des Auswärtigen, Herrn *Waddington,* und dankte ihm nach dem Kongresse durch ein von den Zeitungen publiziertes in den wärmsten Ausdrücken gehaltenes Telegramm. Die Kammern und die Regierungen in Rumänien haben sich energisch gegen die Emanzipation gesträubt und zuletzt durchgesetzt, daß nur eine sehr teilweise und sukzessive Emanzipation stattfinden solle.

XXV.

Aus der großen Menge neuerer und neuester Bücher und Broschüren über die Judenfrage sind uns die folgenden bekannt geworden:

Die Juden und der deutsche Staat. ein geistvoll, scharf und mit umfassender Belesenheit geschriebenes Buch, einige 60 Seiten stark. Den in prägnanter Diktion ausgesprochenen Urteilen des Verfassers wird man größtenteils beitreten müssen. Nur scheint uns der ungenannte Herr Verfasser die Bedeutung des Judentums in finanz- und handelspolitischen Dingen zu unterschätzen. Auch fehlt dem Buche jede Spur christlicher milde. Der Verfasser unterschätzt das Judentum nicht nur im allgemeinen, sondern sein Urteil wird zuweilen auch schief und ungerecht. Die erste Auflage des Buches erschien 1861 (Berlin und Posen, Nicolai'sche Sortiments-Buchhandlung). 1862 war bereits eine 5. Auflage erschienen. 1877 ist in Berlin im Verlage von M. N. Niendorf die achte, 1879 die 10. Auflage herausgegeben worden.

Die "goldene" Internationale und die Notwendigkeit einer sozialen Reformpartei von C. Wilmanns, Königl. Stadtgerichtsrat. Fünfte, zum Teil veränderte Volksausgabe. Preis für einzelne Exemplare 50 Pf., in Partien von mindestens 50 Stück 30 Pf. – Dieses gerade 100 Seiten starke Werkchen behandelt die Judenfrage als einen Teil der "sozialen Frage", und zwar vorzugsweise vom finanz- und volkswirtschaftlichen Standpunkte aus. Von ganz besonderem Werte sind im Anhange (leider erst von der 4. Auflage ab) S. 90 bis 100 gegebenen amtlichen statistischen Nachweise über die Stellung des Judentums im modernen Staats- und Volksleben. – die erste Auflage erschien 1876 und noch im selben Jahre auch die fünfte Auflage.

Die Ära Bleichröder-Delbrück-Camphausen. *Separatdruck der fünf Ära-Artikel aus der Kreuz-Zeitung nebst Literatur darüber und einem Vor- und Nachwort des Verfassers.* (Berlin, 1876. Verlagsbuchhandlung von M. Ant. Niendorf, SW., Alte Jacobstr.) – Hebt namentlich, gestützt auf Tatsachen, die Stellung des Judentums im politischen, wie im Erwerbsleben der deutschen Nation hervor, weist die überwiegende Machtstellung des Judentums im preußischen Bank- und Finanzwesen aus amtlichen Ziffern nach, und bezeichnet am Schluß die Judenfrage als die wichtigste Frage der Gegenwart. Durch diese Arbeit wurde der Bann, welcher bis dahin auf der Behandlung der Judenfrage in der politischen Presse gelegen hatte, gebrochen. Im Sommer 1875 waren die Artikel zuerst in der "*Kreuz-Zeitung*" erschienen. Noch im Herbste desselben Jahres folgte die "*Germania*" mit einer Reihe von Artikeln über die Judenfrage (welche leider nicht im Separatdruck erschienen sind,) und trotz grimmigen Abwehrens der jüdischen Presse konnte die Frage seitdem nicht wieder aus der öffentlichen Besprechung verbannt werden.

Der Nationalliberalismus und die Judenherrschaft von *Constantin Frantz.* (München, bei Dr. M. Huttler. 1874.) Eine geistvoll und mit großer Sachkenntnis geschriebene Broschüre, welche von der Judenpresse beharrlich totgeschwiegen wird. Das 64 Seiten starke Werkchen enthält viele interessante und wichtige Angaben zur Judenfrage.

Die sogenannte deutsche "Reichsbank", eine privilegierte Aktiengesellschaft von und für Juden. Nebst Betrachtungen über Lasker´hafte und Bamberger´liche Politik. Von *Dr. Hilarius Bankberger*, Mitglied des deutschen Reiches. Dritte vermehrte und verbesserte Auflage. Berlin 1877. Verlag von M. A. Niendorf. – Diese Broschüre entrollt ein Bild der Kämpfe, welche geführt worden sind, um den Juden in Deutschland das Privilegium der Banknotenausgabe zu entreißen. Da aber weder die "Kreuztg." noch auch die konservative Partei im Reichstage diese Kämpfe in geeigneter Weise unterstützten, drangen die Herren Lasker und Bamberger mit ihren auf Erhaltung der jüdischen Banknotenprivilegien gerichteten Anstrengungen durch. Die jüdische Geld- und Weltmachtpolitik wird in der Broschüre in großen Zügen, an der Hand der Tatsachen, entwickelt und zugleich die Politiker der Herren Lasker und Bamberger in diesem Rahmen charakterisiert.

Das Judentum in der Musik. Von *Richard Wagner*. Leipzig 1869. Man darf füglich erstaunen, daß ein Künstler wie Richard Wagner schon in jungen Jahren (die Broschüre ist ein Wiederabdruck einer Jugendarbeit) eine, im Ganzen so richtige, wenn auch in etwas gehässigem Tone vorgetragene, Auffassung der Judenfrage gewinnen konnte. Wagner äußert sich in seiner geistreichen Weise dahin, daß es sich für uns nicht so wohl um Emanzipation der Juden, als vielmehr Emanzipation *von* den Juden handle.

Der Judenspiegel. Von *W. Marx.* Hamburg 1862 im Selbstverlage des Verfassers (in kurzer Zeit 7 Auflagen).

Die Verjudung des christlichen Staates. Leipzig 1865 bei Heinrich Matthes.

Die Unmöglichkeit der Emanzipation der Juden im christlichen Staate. Von *Frankel.* – Elberfeld 1842 bei Hassel.

Hof- und Münzjuden alter und neuer Zeit. (Separatabdruck aus der Berliner Revue.) Interessant und reich an historischen Daten.

Die Eroberung der Welt durch die Juden. Von *Osman Bey.* 7. Aufl. Wiesbaden 1875.

Das geheime Treiben, der Einfluß und die Macht des Judentums in Frankreich seit 100 Jahren (1771 - 1871). Von *H. v. Scharff-Scharffenstein.* Stuttgart 1872.

Fremdlinge in unserem Heim! Ein Mahnwort an das deutsche Volk von einem *Berliner Bürger.* Berlin 1877. Verlag von M. A. Niendorf.

Ansichten der Juden. Von *M. L. Heyse*, Konrektor emer. Zweite vermehrte Auflage. Berlin 1877. Verlag von M. A. Niendorf.

Die Sittenlehre des Talmud und der zerstörende Einfluß des Judentums im deutschen Reiche. Berlin 1876, bei M. A. Niendorf. Mehrere Auflagen.

Semita in Ängsten. Authentisches Schreiben eines polnischen Rabbiners an den Verfasser der "Sittenlehre des Talmud und des zerstörenden Einflusses des Judentums im deutschen Reiche". – Berlin, 1877, bei M. A. Niendorf. – Nicht nur belehrend, sondern auch sehr unterhaltend.

Les juifs rois de l'époque ou de la féodalité financière. Par Toussenel. Paris. – Erschien unter der Regierung Louis Philipp's und schildert die Abhängigkeit der französischen Regierung von den Pariser Bankjuden.

Nicht ohne besonderes Interesse ist auch das Verhältnis des Judentums zur Kriminalstatistik. König Friedrich Wilhelm III. von Preußen machte die Bemerkung, daß Juden an der Kriminalstatistik einen unverhältnismäßig großen Anteil nähmen. Leider wird seit länger keine bezügliche Statistik mitgeteilt, so daß man die Wirkungen der "Emanzipation" nach dieser Richtung nicht zu beurteilen im Stande ist. Avé Balteman's Buch über die deutschen Gauner weist u.a. auf den Ursprung vieler Wörter der Gaunersprache aus dem Hebräischen, bzw. Jüdischen hin.

Dieses Thema wird u.a. behandelt in einer anonym erschienenen Schrift, welche einem (jetzt verstorbenen) höheren preußischen Beamten zugeschrieben wird:

Judenverfolgungen und Emanzipation von den Juden. Berlin 1848. II. Auflage 1861.

Der Verfasser erörtert u.a. besonders eingehend die Beziehung der Juden zur Strafjustiz und zum Prozeßrecht. Die beachtenswerten statistischen Angaben sind amtlichen Quellen entnommen. Auch die Judenverfolgungen werden eingehender behandelt und auf ihre wahren Ursachen zurückgeführt.– 1847 wurde dem ersten vereinigten *Landtage* in Preußen eine *Denkschrift über die Verhältnisse der Juden* erstattet. Bekanntlich ist im Jahre 1847 in Preußen die sogenannte "Emanzipation" der Juden erfolgt.

Ferner ist hier als besonders wichtig zu erwähnen die folgende Schrift:

Die jüdischen Gauner in Deutschland, ihre Taktik, ihre Eigentümlichkeiten und ihre Sprache, nebst ausführlichen Nachrichten über die in Deutschland und an dessen Grenzen sich aufhaltenden berüchtigsten jüdischen Gauner. Nach Kriminalakten und sonstigen zuverlässigen Quellen bearbeitet und zunächst praktischen Kriminal- und Polizeiakten gewidmet von *A. F. Thiele*, Königl. preuß. Kriminal-Aktuarius. Zweite Auflage, Berlin, 1848. Verlag von Louis Quien.

Das Buch hatte sich gleich nach seinem Erscheinen folgender Allerhöchsten und Höchsten Anerkenntnisse zu erfreuen gehabt:

> 1) Unter Bezeigung Meines Danks für das Mir am 8. d. M. von Ihnen überreichte Exemplar Ihres Werkes "die jüdischen Gauner in Deutschland" lasse Ich Ihnen die beikommende goldene Medaille als ein Anerkenntnis der Verdienstlichkeit dieser Arbeit zugehen.

Sanssouci, den 25. Oktober 1841.

Friedrich Wilhelm.

An den Kriminalgerichts-Aktuar Thiele zu Berlin.

> 2) Der hiesige Kriminalgerichts-Aktuarius Thiele ist mit der Herausgabe eines Werkes unter dem Titel: "Die jüdischen Gauner in Deutschland" beschäftigt, welches in zwei Teilen erscheinen soll, und dessen Preis auf 1½ Tlr. für jeden Teil bestimmt worden ist.
>
> Da dies Werk nach seinem Inhalte zur Kenntnis der jüdischen Gauner in Deutschland dienen und daher für die Gerichtsbehörden, besonders in den großen Städten, von Nutzen sein dürfte, so wird den Königl. Obergerichten, Inquisitoriaten und sämtlichen kollegialisch formierten Königlichen Untergerichten in denjenigen Städten der Monarchie,

welche mehr als 10 000 Einwohner haben, die Anschaffung dieses Werks, dessen erster Band bereits erschienen ist, für Rechnung ihrer Salarienkassen mit dem Bemerken empfohlen, daß der Verfasser nach seiner Anzeige vorläufig den Selbstverlag des Buches übernommen hat.

Berlin, den 11. November 1841.

Der Justiz-Minister Mühler.

An die Königl. Obergerichte, Inquisitoriate und sämtliche kollegialisch formierte Königl. Untergerichte in Städten von mehr als 10 000 Einwohner.

3) Indem ich Ihnen für den mir unterm 14. Oktober d. J. überreichten ersten Band Ihres Werkes "die jüdischen Gauner in Deutschland" meinen Dank sage, und nachdem ich mich überzeugt habe, daß die interessanten Ereignisse des von Ihnen auf das Werk verwendeten großen Fleißes nicht bloß Anerkennung verdienen, sondern erheblichen Nutzen für die Sicherheits-Polizeibehörden versprechen, wenn sie denselben bekannt werden: habe ich, wie ich Sie hiermit benachrichtige, sämtliche Königliche Regierungen ermächtigt, ein Exemplar des gedachten Werkes für ihre Bibliotheken anzuschaffen und die Polizeibehörden ihres Departements auf das Erscheinen desselben aufmerksam zu machen.

Berlin, den 31. Dezember 1841.

Der Minister des Innern und der Polizei v. Rochow.

An den Kriminal-Aktuarius Herrn Thiele.

4) Die Kanzelei des Senats der freien und Hansestadt Hamburg ist beauftragt, dem Königlichen Preußischen Kriminal-Aktuar Herrn A. F. Thiele für die an Einen hohen Senat geschehene Einsendung eines Exemplars seines Werkes "die jüdischen Gauner in Deutschland usw." zu danken, und als ein Zeichen der Anerkennung des Wertes dieses Werkes und der Verdienstlichkeit der Arbeit die einliegende goldene Denkmünze beizufügen.

Hamburg, den 14. Februar 1842.

gez. Gossler.

XXVI.

Selbstredend haben Schriften, wie die voraufgeführten, auch wieder Entgegnungen hervorgerufen, welche die Frage vom entgegengesetzten Standpunkte aus beleuchten. Unter diesen letztern nennen wir beispielsweise folgende, aus den siebziger Jahren datierende:

Die gesellschaftliche Stellung der Juden von Kreisrichter *Kolkmann*.

Der Verfasser nennt sich in der Vorrede ausdrücklich einen Christen, insbesondere ist er sehr eifriger Kulturkämpfer und Altkatholik. Auffällig findet er besonders in den Ostprovinzen – er selbst war Richter in Löbau (Westpreußen) – daß "wo es sich um die Wahl von Personen für Ehrenämter, Stadtverordnete, Magistrate, Bürgermeister usw. handle, sich sofort eine feindliche Strömung zeige, wenn ein Jude in Vorschlag gebracht werde. Er klagt ferner in dortiger Gegend über förmliche gesellschaftliche Abschließung in Kasino's, Familien usw. – Sehr sorgsam bestrebt er sich hierauf, zu beweisen, daß die Juden keine eigene Nation wären, sie hätten keine gemeinsame Sprache, kein gemeinsames Rechtsbewußtsein mehr, die deutschen Juden seien Deutsche, die französischen Franzosen, und zwar die allertreuesten, besten und intelligentesten. Ihre besonderen Sitten seien Überbleibsel und ihre bekanntlich spezifisch körperliche Gestalt sei Folge ihrer früheren Handelsbeschäftigung.

Vom Talmud sagt er ziemlich leicht hin: Rohling habe da einen Auszug mit schlechten Stellen gegeben. Dasselbe könne man mit der Bibel tun und darnach sagen: "Seht doch, was für schmutzige Geschichten in der Bibel stehen." (!)

Die Juden. Von einem *Christen*. Berlin, Eugen Grosser.

Die Schrift ist voll des Lobes der Juden, ob ihrer Intelligenz und ihrer Tugenden. Es wird geklagt über die neu auftauchenden Gelüste nach Judenhatz, die großen Dienste, welche die Juden der Menschheit geleistet, seien vergessen. Die schlimmen Lehren des Talmud werden teils als menschliche Verteidigungsmaßregeln gegen die barbarische Behandlung in früheren Zeiten, teils als unvermeidliche Racheausflüsse gegen die schlechte Behandlung dargestellt, jetzt aber seien diese Lehren der alten Talmudisten bei Seite geschoben und es sei nur beibehalten, was der heutigen Zeit angemessen sei.

Die soziale Stellung der Juden in Deutschland und das Zivilgesetz. Von *Dr. Maaß*.

Diese Broschüre gehört nur teilweise in die Kategorie der beiden vorhergehenden. Dr. Maaß polemisiert sogar sehr scharf gegen Kolkmann. (Siehe oben "die gesellschaftliche Stellung der Juden".) Er beweist Schritt für Schritt, daß Kolkmann's Behauptungen, es existiere keine eigentliche Nationalität der Juden, auf Irrtum beruht und sagt, "wenn sie auch keine besondere Nation mehr unter Deutschen,

Franzosen, Engländern sind, daß sie immerhin durch geschlechtliche Zusammengehörigkeit abgesonderten Menschenstamm (Rasse) bilden". Zum Schluß sieht er aber das einzige Mittel, die von ihm geschilderten Eigentümlichkeiten der Juden zu überwinden, in der *Vermischung des Blutes*, welcher die *Zivilehe* eine breite Bahn gebrochen.

XXVII.

Seit die schon oben erwähnten fünf "*Ära-Artikel*" im Sommer 1875 in der "Kreuzztg." erschienen, ist die Besprechung der Judenfrage wieder mehr in den Vordergrund der öffentlichen Erörterung getreten. Die "Germania" brachte, wie ebenfalls schon erwähnt, bald nach jenen Artikeln (im September und Oktober 1875) eine Reihe von Arbeiten über die Judenfrage, welche großes Aufsehen machten. *O. Glagau* brachte in seinen Büchern: "*Der Gründungs- und Börsenschwindel in Berlin*" und "*der Gründungs- und Börsenschwindel in Deutschland*" viel tatsächliches Material über die unleugbar hervorragende Beteiligung der Juden am Gründungs- und Börsenschwindel. Die "*liberale*" Presse ging auf tatsächliche Angaben und Erörterungen mit Bezug auf die Judenfrage höchstens da ein, wo etwa einmal eine dieser tatsächlichen Angaben Stoff zur Bemängelung bot. Soweit letzteres nicht der Fall war, wurden alle tatsächlichen Angaben, alle statistischen Ziffern usw. strengstens ignoriert. Die jüdischen Blätter, namentlich die jüdischen Witzblätter, brauchten natürlich ihre schärfsten Waffen gegen jene Auseinandersetzungen.

Im Jahre 1879 ergab sich von verschiedenen Seiten neuer Anlaß zur Besprechung der Judenfrage. Ein solcher Anlaß war z. B. die bereits erwähnte Verhandlung der Judenfrage in Rumänien. Dann aber ist durch *W. Marr* ein neuer Anstoß in dieser Richtung gegeben worden durch seine Broschüre: "*Der Sieg des Judentums über das Germanentum*", welche eine Reihe von Schriften pro und kontra hervorrief. Desgleichen hat auch bald nach dem Erscheinen dieser Schrift Herr Hofprediger *Stöcker* in dem von ihm gestifteten *christlich-sozialen Verein* in Berlin Vorträge über die Frage gehalten, welche viel Aufsehen erregten und der bezüglichen Literatur neue Anregung gaben. Auch Professor von *Treitschke* (Novemberheft der "Preuß. Jahrbücher" 1879) hat sich u.a. an dieser Diskussion beteiligt und an Herrn *Paulus Cassel* und anderen seine Gegner gefunden. Wir notieren aus der Flut der aus diesen Anregungen entsprungenen Broschüren nachstehend die hervorragenderen. *W. Marr* gründete im Herbst 1879 die Monatsschrift "*Deutsche Wacht*" für die ständige Besprechung der Judenfrage und wenige Wochen nach deren Erscheinen wurde das Erscheinen einer monatlich zweimal erscheinenden Zeitschrift ähnlicher Tendenz von *Otto Glagau* angekündigt. Dieselbe erscheint vom 1. Januar 1880 ab und führt den Titel: "*Der Kulturkämpfer*".

Von den neueren Broschüren auf diesem Gebiet, welche wir oben erwähnten, liegen uns folgende im Jahre 1879 erschienene vor:

Der Sieg des Judentums über das Germanentum. Vom nicht-konfessionellen Standpunkt aus betrachtet von *W. Marr*. Bern, Rudolph Costenoble 1879.

Motto: Vae victis! - Verschiedene Auflagen.

Vom jüdischen Kriegsschauplatz. Eine Streitschrift von W. Marr. Bern 1879. (Mehrere Auflagen.)

Wählt keinen Juden. *Der Weg zum Siege des Germanentums über das Judentum.* ein Mahnwort an die Wähler nichtjüdischen Stammes aller Konfessionen. Mit einem Schlußwort: "An die Juden in Preußen". Von *W. Marr*. Berlin, 1879. Otto Hentze's Verlag. (Mehrere Auflagen.)

Neu-Palästina oder das verjudete Deutschland. Ein milder Beitrag zur Kenntnis der Judenfrage im sogenannten "*Deutschen*" Reiche. Von einem Konservativen. Berlin, 1879.

Motto: "Die soziale Frage ist wesentlich Judenfrage, alles Übrige ist Schwindel." Otto Glagau.

Das moderne Judentum in Deutschland, besonders in Berlin. Zwei Reden in der christlich-sozialen Arbeiterpartei gehalten von *Adolph Stöcker*, Hof- und Domprediger zu Berlin. Dritte Auflage. Berlin 1880.

Anti-Stöcker. Offener Brief und Nachwort von *Dr. E. Lefson*, Sanitätsrat und Kreisphysikus a. D. Berlin 1879.

Motto: "Wenn ihr uns stecht, bluten wir nicht?"

Der Jude im Kaufmann in Venedig.

Die Broschüre ist gegen Stöcker gerichtet.

Die Lehrsätze des neugermanischen Judenhasses mit besonderer Rücksicht auf W. Marr's Schriften, historisch und sachlich beleuchtet von *Ludwig Stern*, Schuldirektor in Würzburg. Würzburg 1879.

Motto: Jeremias 29, 5. - Polemisiert gegen Marr vom jüdischen Standpunkt aus.

Die deutschen Juden und Herr W. Marr. Von *J. Perinhart*. Bei Richard Skrzeczek in Löbau (Westpreußen).

Ist gegen Marr gerichtet und wird von demselben wiederum bekämpft in der oben genannten Schrift: "Vom jüdischen Kriegsschauplatz."

Zur Judenfrage. Sendschreiben an Herrn Professor Dr. Heinr. von Treitschke. Von Dr. Harry *Breslau*. – Berlin, Ferd. Dümmler.

Polemisiert gegen die oben im Eingang dieses Abschnittes erwähnte Arbeit des Professors von Treitschke im Novemberheft 1879 der "Preußischen Jahrbücher".

Judenhetze oder Notwehr. Ein Mahnwort von Egon *Waldegg*, Verfasser von "die Judenfrage gegenüber dem deutschen Handel und Gewerbe". (Preis 60 Pf.) Dresden 1880. Verlag des *deutschen Reformvereins* zu Dresden.

Die Tendenz des "Deutschen Reformvereins" zu Dresden ist vorzugsweise gegen die Ingerenz <Einmischung> des Judentums in die wirtschaftlichen und politischen Angelegenheiten Deutschlands gerichtet.

Wir haben vorstehend versucht, das uns zur Hand stehende Material über die Judenfrage und ihre Entwicklung zu einer kurzen Gesamtdarstellung zusammenzufassen. Wir waren bemüht, leidenschaftslos und objektiv die Tatsachen zu konstatieren. Versuchen wir es nun auch, eben so objektiv, ein Fazit zu gewinnen.

Wir kommen dabei in erster Linie auf den Punkt zurück, von welchem wir ausgingen. Die Juden sind nicht etwa eine Religionsgemeinschaft, sie bilden vielmehr in ihrer Totalität eine der ältesten historisch-politischen Individualitäten, welche die Geschichte kennt. Sie sind ein gesonderter Stamm der kaukasischen Rasse, welcher eine uralte politische Entwicklung als besonderer Staat hinter sich hat. Mit den Stammes- und Staatsbesonderheiten aufs engste verwachsen ist ihre Religion. Die Zerstreuung der Juden in alle Welt begann schon ziemlich lange vor der Zerstörung Jerusalems und ist – mit Hinblick auf die Angaben des Josephus – durch letztere kaum bedeutend gefördert worden.

Die Empfindung der Zusammengehörigkeit ist aber in dem Stamme eine so starke geworden, daß auch seit ihrer definitiven Expatriierung unter dem römischen Kaiser Titus und der weiteren Verbreitung der Juden in alle bekannte Welt nichts vermocht hat, dies Solidaritätsgefühl zu erschüttern. Ebenso haben sich, so weit wir zu urteilen vermögen, die Stammeseigentümlichkeiten des Volkes Israel bis auf unsere Tage ungeschmälert erhalten.

Die spezielle Geschichtsforschung auf diesem Gebiete dürfte jetzt schon zur Genüge dartun, daß das zähe Festhalten der Juden an ihren Besonderheiten alle Staaten, in welchen sie leben, im Mittelalter allmählich nötigte, ihnen eine besondere Behandlung im Staatswesen zu widmen. Ob aber diese gesonderte Behandlung der Juden, welche leider weder konsequent noch christlich gewesen ist, allein oder auch nur vorzugsweise die Schuld daran trägt, daß die Juden sich so überwiegend dem Handel und den Geldgeschäften widmen und schwere körperliche Arbeit so konsequent meiden – ist allermindestens höchst fraglich. Es ist vielmehr durchaus wahrscheinlich, daß wir es hier mit einer schon zur Zeit der Griechen und Römer der alten Welt vorhandenen Stammesbesonderheit Israels zu tun haben.

Die gegenwärtige *Geldmachtstellung* der Juden kann von keiner Seite bestritten werden. Hier ruht der Kern der Frage. Wir waren stets der Ansicht, daß jene *Privilegien des großen mobilen Kapitals*, welche nach Lage der Dinge tatsächlich in erster Linie *Judenprivilegien* sind, vor allen Dingen beseitigt werden müssen; es sind dies namentlich die Aktienprivilegien, die Banknotenprivilegien und die Börsenprivilegien.

Die Frage, ob es richtig ist, den Juden die Beteiligung an den öffentlichen Angelegenheiten in den christlichen Staaten zu gestatten und sie zu öffentlichen Ämtern zuzulassen, möge sich jeder selbst beurteilen.

Wie sehr es geboten ist, in der vorliegenden Frage die *Tatsachen* sorgfältig zu sammeln, um ein richtiges Urteil zu gewinnen, möge man u.a. daraus von neuem ersehen, daß in der uns vorliegenden allerneuesten Broschüre: "*Zur Judenfrage*",13) welche Professor Dr. Harry *Breslau* gegen die erwähnte Arbeit des Herrn von *Treitschke* in den "Preuß. Jahrbüchern" (Nov. 1879) geschrieben hat, z.B. der prävalierende <vorherrschen, überwiegen> Einfluß der Juden in der Presse zu bestreiten gesucht wird! (S. 17 - 20 a.a.O.) Es geschieht dies in einer sehr sophistischen Manier und legt die Notwendigkeit nahe, die Tatsachen auf diesem Gebiete neuerdings sorgfältig zu sammeln. Ganz beiläufig erfahren wir aus der Broschüre die Tatsache, daß an den deutschen Hochschulen gegenwärtig, "wie der Universitätskalender aufweist, 70 Professoren rein jüdischer Abkunft wirken," d.h. wie der Verfasser weiterhin ausführt, "im Verhältnis zu der Gesamtzahl deutscher Professoren mehr als dreimal soviel, als nach der Bevölkerungsziffer erwartet werden sollte".

Was die früher von verschiedenen Städten und Staaten öfter wiederholte Ausweisung der Juden als einer staatsgefährlichen Minorität betrifft, so ist eine solche Maßnahme zur Zeit als gänzlich außerhalb des Bereiches der Wahrscheinlichkeit liegend zu erachten, obgleich die Ausweisung der Jesuiten als staatsgefährliche Minorität einen noch sehr jungen Präzedenzfall in dieser Richtung bildet. Natürlich sind inzwischen die Ansichten über die Staatsgefährlichkeit der Jesuiten ebenso geteilt, wie diejenigen über die Heilsamkeit des Zusammenlebens von Juden und deutschen Christen. Im allgemeinen liegen zur Zeit *Christenverfolgungen* weit mehr im Geist der Zeit als Beschränkung oder Ausweisung der Juden. Der sogenannte "Kulturkampf" hat ohnehin schon mehrfach den Anstrich einer Christenverfolgung gehabt.

Vor allen Dingen entwöhne man sich jener traditionellen Unterschätzung der Juden, welche bisher bei jeder Erörterung der Frage einen Grundirrtum gebildet hat. Der Satz: "Geld regiert die Welt und die Juden regieren das Geld" muß einfach als Tatsache hingenommen werden. Daß die Juden ihre eigene Religion höher stellten, als *alle* anderen, ist selbstverständlich so lange sie eben Juden sind: mit dem Augenblick, wo sie eine andere Religion höherstellen, als die ihrige, müßten sie natürlich konsequenterweise aufhören Juden zu sein. So spricht z.B. *Moses Mendelssohn* in einem Briefe an Herz Homberg die Überzeugung aus, "daß die

Herrschaft über den Erdball dem Judentum und dessen reinem Theismus gebühre - noch besitzen Polytheismus, Antropomorphismus <Vermenschlichung> und religiöse *Usurpation* <widerrechtliche Inbesitznahme> die Oberhand und bestreiten diese Plaggeister der Vernunft dem auserwählten Volke mit Erfolg die ihm zukommende Herrschaft - noch also dürfen die echten Teile das Joch der Zeremonialgesetze <amtliches Buch der kath. Kirche mit Anweisung für feierl. Gottesdienste> nicht abwerfen, wenn sie es nicht erleben wollen, daß ihre geschworenen Feinde alles unter den Fuß bringen."14)

Dieser Ausspruch des gefeierten jüdischen Philosophen hätte eigentlich als Motto unter dem Portrait stehen müssen, welches die Leipziger "Illustrierte Ztg." demselben im Jahre 1879 an der Spitze des Blattes zu seinem 100jährigen Gedächtnistage gewidmet hat.

Der "Sieg des Judentums über das Germanentum" ist zur Zeit bereits ein ungleich bedeutenderer, als selbst Marr in seiner unter diesem Titel erschienenen Broschüre im ernst annimmt. Marr wünscht diesen Sieg dem Judentum noch streitig zu machen. Wir zweifeln jedoch sehr, ob an eine solche Möglichkeit in absehbarer Zeit zu denken ist. So weit menschliches Ermessen reicht, dürfte der Sieg des Judentums über das Germanentum nur noch weitere Fortschritte machen.

----------=========----------

Fußnoten:

1) Stephan Schulz. Ein Beitrag zum Verständnis der Juden und ihrer Bedeutung für das Leben der Völker. Gotha 1871. S. 44 – Seitdem in 2. Aufl. erschienen.

2) Vergl. indessen auch die Zeitschrift "Saat und Hoffnung" von Dr. Franz Delitzsch. 1877. Maiheft. – Von jüdischer Seite hat man uns neuerdings in Vorträgen und Broschüren über den Inhalt des Talmud ungefähr das Gegenteil von dem mitgeteilt, was in der Rohling'schen Broschüre steht. Behauptung steht hier gegen Behauptung. Unsere Universitäten lassen uns hier anscheinend im Stich.

3) Weiter unten in den Abschnitten XXI und XXII geben wir noch Näheres über die Talmudliteratur.

4) Vergl. "Der Talmudjude" von Rohling, 5. Auflage, S. 50 u. ff (Preis 80 Pf.)

5) Vergl. "Die goldene Internationale" von Wilmanns, 4. Auflage, S. 60.

6) Nach der Übersicht, welche das "Zentralblatt" für die gesamte Unterrichtsverwaltung in Preußen über die Frequenz der höheren Lehranstalten (Gymnasien, Progymnasien, Realschulen in erster und zweiter Ordnung und höhere Bürgerschulen) während des Sommer-Semesters 1876 liefert, zählten 1) die 233 Gymnasien

der Monarchie und ihre Vorschulen 46 559 + 8221 evangelische, 14 525 + 855 katholische und 6670 + 1270 jüdische Schüler; 2) die 34 Progymnasien und ihre Vorschulen 1751 + 280 evangelische, 1821 + 89 katholische und 389 + 30 jüdische Schüler; 3) die 83 Realschulen erster Ordnung und ihre Vorschulen 22 452 + 4373 evangelische, 3361 + 451 katholische und 2440 + 440 jüdische Schüler; 4) die 16 Realschulen zweiter Ordnung und ihre Vorschulen 3911 + 1243 evangelische, 365 + 108 katholische und 835 + 342 jüdische Schüler; 5) die 91 höheren Bürgerschulen und ihre Vorschulen 10 743 + 3366 evangelische, 2203 + 506 katholische und 724 + 237 jüdische Schüler. Die Gesamtzahl der evangelischen Schüler belief sich sonach für alle 5 Kategorien und deren höhere Schulen auf 103 908, die der katholischen Schüler auf 24 275 und die der jüdischen auf 13 487. Die evangelische Bevölkerung lieferte diesen Anstalten somit 4mal so viele Schüler, als die katholische, während die Zahl der jüdischen Schüler etwa die Hälfte der katholischen gleichkommt. Was diese Zahlen bedeuten, kann man erst verstehen, wenn man berücksichtigt, daß nach der Zählung von 1871 – die Ergebnisse der Zählung von 1875 sind, soweit sie auf das Religionsbekenntnis Bezug haben, noch nicht veröffentlicht – Preußen 15 991 250 Protestanten, 8 268 438 Katholiken und nur 324 544 Juden zählte.

7) "Die Eroberung der Welt durch die Juden" VII. Aufl. Wiesbaden 1875. (S. 52.)

8) Schopenhauer bezeichnet es geradezu als "absurd, ihnen einen Anteil an der Regierung oder Verwaltung irgend eines Staates einräumen zu wollen."

9) Vergl. die sogenannte deutsche Reichsbank, eine privilegierte Aktien-Gesellschaft von und für Juden. Von Dr. Hil. Bankberger. II. Aufl.

10) Von Dr. H. Bankberger.

11) Die Geschäftswelt angesichts der Geschäftslage in Deutschland. Mainz 1875.

12) Das Publikum wird also auf diese Weise von den "ehrlichen" Bankhäusern "ehrlich" beraubt! D. V.

13) Berlin 1880.

14) Durch "Deutsch. Landes-Ztg." 1877 Nr. 301, Leit: "Die jüdische Weltreligion".